최재붕의
글로벌
AI 트렌드

최재붕의 글로벌 AI 트렌드

최재붕 지음

GLOBAL AI TREND

프롤로그

《AI 사피엔스》를 세상에 내놓은 지 1년 반이 지났습니다. 당시 전하고 싶은 이야기가 너무 많아 부담스러울 만큼 두꺼운 책을 펴냈고, 한동안은 더 이상 책을 쓸 일이 없으리라 여겼습니다. 그러나 AI 혁명기답게 불과 1년 사이에 상상을 뛰어넘는 변화가 일어났고, 결국 다시 펜을 들게 되었습니다. 2024년 6월 엔비디아NVIDIA가 애플을 제치고 세계 시가총액 1위가 되었고, 상위 10개 빅테크 기업의 시총이 3경 원을 돌파했습니다. 더욱 놀라운 일은 2025년 1월 딥시크DeepSeek 쇼크였습니다. 중국의 무명 스타트업이 단 560만 달러로 오픈AI에 맞먹는 AI 모델을 개발했고, 이로 인해 엔비디아는 하루 만에 5900억 달러가 증발했습니다. 미국 증시 역사상 단일 기업 최대 일일 손실이었습니다.

다행히 《AI 사피엔스》에서 제시했던 전망들이 거의 빗나가지 않았을 뿐 아니라, 예상보다 훨씬 강력하게 현실화되고 있습니다. 포노 사피엔스에서 AI 사피엔스로의 전환, 자본시장의 극적 변화, 빅테크 기업들의 AI 패권 경쟁 등 모든 것이 예측 시나리오를 따라 전개되고 있습니다. 지난 1년간의 변화는 과거 10년의 변화를 훨씬 능가하며, 자본 축적의 속도 역시 예상을 뛰어넘었습니다.

이에 따라 더욱 정밀한 분석과 신속한 대응이 필요해졌습니다. 요즘 많은 사람들이 "AI 변화 속도가 너무 빨라 따라가기 어렵다"고 말합니다. 맞습니다. 2016년 알파고가 이세돌을 이겼을 때와는 차원이 다른 혁명이 일어나고 있습니다. 이제 제대로 따라가려면 더 많이 공부하고, 실습하고, 활용 방안을 고민해야 합니다.

이 책은 《AI 사피엔스》에서 언급한 트렌드를 추적하는 마음으로 집필했습니다. 특히 전작에서 예고했던 자본시장의 대변화가 현실이 되었습니다. 과거 10년의 변화에 맞먹는 일이 단 1년 만에 일어났으니 여전히 할 이야기가 산더미입니다. 이 책을 쓰고 있는 지금 이 순간에도 새로운 기술들이 쏟아져 나와 당황스러울 지경입니다. 그래서 독자들이 이 혁명적 시기를 놓치지 않기를 바라는 마음으로 가능한 한 많은 내용을 담았습니다. 함께 공부하자는 심정으로 말입니다.

《AI 사피엔스》와 일부 중복되는 부분도 있지만, 대부분 새로운 이야기들로 채웠습니다. 특히 한국의 AI 수용 패턴, 코로나가 가속화한 디지털 전환, 전 세계 13억 명 10~20대의 '디지털 우선' 사고방식 전환, 미중 AI 패권 경쟁의 치열한 양상 등 최신 데이터와 분석을 대폭 보강했습니다. 한 줄 한 줄, 한 페이지 한 페이지 따라가다 보면 AI 사피엔스의 진화 방향과 그 놀라운 속도, 그리고 이를 견인하는 사람들과 자본의 힘을 체감하실 수 있을 것입니다.

혁명기에는 언제나 그렇듯 공부에 더 많은 시간을 투자해야 합니다. 우리 호모 사피엔스가 7만 년간 생존 확률을 높이는 선택을 해왔기에 오늘날의 문명을 건설할 수 있었다는 사실은 변하지 않습니다. 역사의 교훈을 볼 때 AI 문명은 이미 예정된 미래입니다. 산업혁명이 그랬고, 인터넷 혁명이 그랬으며, 포노 사피엔스 문명이 그랬듯 말입니다.

현재 자본 시장이 보내는 신호는 명확합니다. AI 시대에는 준비하고 혁신하는 자에게 미래가 투자됩니다. 쿠팡이 이마트를 추월한 것처럼, 혁신에 뒤처진 기업들은 충분한 자본과 시장 우위에도 불구하고 빠르게 밀려나고 있습니다. 이는 개인에게도 동일하게 적용되는 법칙입니다.

미래를 준비하는 데에 공부만큼 확실한 방법은 없습니다. 2026년을 넘어 2030년까지 이 혁명은 더욱 치열해질 것이 분명합니다. 혁명의 방관자가 되어 넋 놓고 있다가는 나중에 따라잡기 너무 버겁다며 포기하기 십상입니다. 반면 책을 읽듯 재미있게 차근차근 공부하다 보면 여러분도 이 혁명의 주인공이 될 수 있습니다. 하루 30분의 공부가 그 차이를 만들어냅니다.

  이 책 한 권이 여러분의 도전에 작은 디딤돌이 되기를 바라는 마음으로 조심스럽게 세상에 내놓습니다. 부디 여러분 삶의 가치 향상에 도움이 되기를 바랍니다.

최재붕

차례

프롤로그 4

1부 AI 상승 곡선에 올라탈 기회

01 30년 만에 다시 쓰는 문명의 역사 13
02 중요한 것은 AI 세계관 32

2부 글로벌 AI 트렌드

03 AI의 핵심: LLM 55
04 우리 일상으로 다가온 AI 67
05 팔란티어가 온다 86
06 세계 기준을 바꾸는 AI 94
07 피지컬 AI: 가상에서 현실로 113
08 전쟁터로 간 AI 133

3부 미-중 AI 패권 전쟁 시대

09	미-중 AI 패권 전쟁의 서막	145
10	2025년 1월 28일, 판도가 바뀌기 시작했다	156
11	피지컬 AI의 승자는 미국? 중국?	166

4부 메타 인더스트리와 팬덤 경제

12	국경이 사라진 산업, 메타 인더스트리	189
13	'구독'과 '좋아요'가 만드는 팬덤 경제	196
14	BTS 팬덤이 10년째 이어지는 이유	216
15	더 이상 추격자가 아니다, 이제 선두주자다	230

에필로그   240

GLOBAL AI TREND

1부

AI 상승 곡선에
올라탈 기회

01
30년 만에 다시 쓰는 문명의 역사

대한민국은 챗GPT^{ChatGPT}를 직접 사용해본 사람의 비율이 세계 2위인 국가입니다. 그만큼 새로운 기술에 대한 관심과 호기심이 크다는 뜻이죠. 그러나 동시에 AI에게 일자리를 빼앗기거나 AI 의존도가 높아져 창의성이 떨어지거나 범죄에 악용될 가능성을 우려하는 목소리도 여전히 높습니다. 이는 단순히 경제적인 문제라기보다는 인공지능을 어디까지 받아들이고 어떻게 활용해야 할지에 대한 사회적, 개인적 고민이 깊다는 사실을 보여줍니다. 한국 사람들은 신문물을 시도해보는 데 주저함이 없고, 호기심을 가지고 빠르게 체험합니다. 새로운 도구가 등장하면 '일단 써보자'라는 태도로 접근하는 경우가 많습니다. 하지만 정작 그 도구를 깊이 이해하고 장기적으로 체화하기 위해 시간을 투자하거나 실무에 적용하는 단계로 들어가는 데에는 보수적입니다. 말하자면, '한번 경험해보는 것'과 '삶이나 일에 본격적으로 접목하는 것' 사이에 간극이 있는 셈입니다.

2019년에 저는 《포노 사피엔스》라는 책을 출간했습니다. 여기서 '포노Phono'란 스마트폰을 뜻합니다. 그렇다면 '스마트폰 사피엔스'라는 말은 어떤 의미일까요? 이제 인간은 오장육부로만 이루어진 존재가 아니라, 오장칠부가 되었다는 비유입니다. 간 밑, 쓸개 밑에 하나 더 붙어 있는 기관이 바로 스마트폰이라는 것이죠. 우리는 스마트폰 없이는 아무것도 할 수 없는 시대를 살고 있습니다.

최근 한 교과서 출판사에서 연락이 왔습니다. 《포노 사피엔스》의 내용 일부를 고등학교 국어 교과서에 수록하고 싶다는 요청이 었습니다. 이제 학생들에게 "너희 세대는 인터넷과 디지털, 그리고 스마트폰을 기반으로 살아가는 세대이니, 그것을 준비하고 받아들여야 한다"라고 가르치는 시대가 된 것입니다. 다시 말해, 스마트폰 세대가 새로운 문명의 표준으로 자리 잡았다는 것을 교육 현장에서 공식적으로 확인하게 된 셈입니다.

제가 《포노 사피엔스》를 쓴 이후 5년 동안은 '포노 사피엔스 시대'를 주제로 많은 강의를 했습니다. 그러다가 2024년에 마음을 다잡고 집필한 책이 바로 《AI 사피엔스》입니다. 이제는 인류가 AI 없이는 살아갈 수 없는 새로운 문명 대전환을 맞이하고 있기 때문에, 그 변화를 함께 준비하자는 뜻에서 쓴 책입니다.

그리고 이번 책에서 제가 전하고 싶은 핵심은 2가지입니다. 첫째, 《AI 사피엔스》가 출간된 지 이제 겨우 1년 반인데 그사이 너무 많은 발전이 있었습니다. 이 엄청난 속도와 변화의 양상을 빨리 알려드리고 싶습니다. 둘째, 이 혁명적 변화에 대응해 구체적으로 무엇을 준비하고 어떻게 살아가야 할지를 함께 고민하고 싶습니다. 1년 반 만에 다시 책을 내놓는 게 부끄럽기도 하지만 그만큼 변화의 속도가 빨라 가만히 있을 수 없었습니다. 그야말로 AI 혁명입니다. 혁명의 시기에는 보통 때보다 훨씬 호흡을 짧고 빠르게 가져가며 추격해야 합니다. 함께 AI 문명시대라는 미지의 세계로 탐험을 떠나보시죠.

인터넷 등장 이후 30년, AI 혁명의 문명사적 대전환

한국이 처음으로 'AI 혁명의 시대가 도래했다'는 사실을 실감한 사건은 2016년에 일어났습니다. 바로 인공지능 알파고(AlphaGo)가 바둑 기사 이세돌 9단을 꺾었던 순간입니다. 당시 언론과 사회가 크게 술렁였죠. 그러나 그 이후 애플의 시리Siri, 삼성의 빅스비Bixby 같은 AI 기반 서비스들이 등장했지만, 우리의 일상은 근본적으로 달라지지 않았습니다. 그래서 지금도 "이번에도 그때랑 비슷한 거 아니야?"라고 생각하는 사람들이 많습니다.

하지만 이번에는 근본적인 차이가 있습니다. 첫 번째 이유는 코로나 팬데믹을 거치면서 인류가 전례 없이 빠르게 디지털 환경으로 이동했다는 점입니다. 비대면 사회에서 살아남는 유일한 방법은 디지털을 활용하는 것이었습니다. 특히 격리 기간 동안 학생들은 학교에 가지 못했습니다. 그렇다고 수업이나 시험을 무기한 미룰 수는 없었죠. 결국 전 세계 교육 현장에서 화상회의 도구인 줌Zoom이나 구글 클래스룸 같은 온라인 플랫폼을 활용해 수업을 이어갔고, 많은 강의가 미리 제작된 온라인 강의로 대체되었습니다.

격리가 해제된 뒤 학생들이 다시 교실로 돌아왔을 때, 많은 것이 달라져 있었습니다. 예전에는 모르는 게 있으면 교수나 교사에게 직접 질문했지만, 이제는 먼저 인터넷을 검색해서 스스로 답을 찾는 태도가 보편화되었습니다. 코로나를 거치며 '지식은 교실 안이 아니라 디지털 세계에서 얻을 수 있다'는 인식이 자리 잡은 것입니다. 이렇게 사고방식이 전환된 10대와 20대 인구가 전 세계적으로 약 13억 명에 이른다고 추산됩니다.

이 세대는 2022년, 챗GPT라는 강력한 생성형 AI가 등장하자마자 누구보다 빠르게 반응했습니다. 그리고 단순한 호기심 차원이나 일시적 유행에서 그치지 않고 학습·업무·창작 전반에서 활용되기 시작하면서 챗GPT는 '장난감'이 아니라 세상을 바꾸는 '게임 체인저'라는 사실이 입증되었습니다.

챗GPT가 세상의 변화를 증명하고 나자, 곧바로 거대한 자본이 움직이기 시작했습니다. 본격적으로 AI 시대가 열렸다는 증거가 분명히 드러난 것입니다. 저는 이를 "문명사적 대전환"이라고 표현해왔습니다. 지금 AI라는 기술의 밑바탕에는 어마어마한 규모의 자본이 깔려 있습니다. 금융가에서도 "30년 만에 처음 있는 현상"이라고 이야기할 정도입니다.

물론 그동안에도 여러 화제가 있었습니다. 메타버스Metaverse, NFTNon-Fungible Token 같은 키워드가 세상을 떠들썩하게 했지만 정작 자본은 크게 움직이지 않았습니다. 그러나 이번 AI 열풍은 전혀 다릅니다. 금융권이 30년 만에 처음이라고 하는 이유도 바로 여기에 있습니다. 그렇다면 30년 전에는 무슨 일이 있었을까요? 바로 인터넷의 등장입니다.

1990년대 중반, 월드 와이드 웹WWW이 대중화되면서 인터넷 산업이 급격히 퍼져나갔습니다. 1995년 전후로 전 세계에서 미국을 중심으로 인터넷과 IT 기반 신생기업에 '묻지 마 투자'가 시작되었고, 그 결과 엄청난 닷컴 버블이 형성되었습니다. 하지만 2000년에 거품이 붕괴하면서 약 80퍼센트의 인터넷 기업이 파산했죠. 그렇다고 인터넷 산업 자체가 무너진 것은 아니었습니다. 오히려 버블에서 생성된 많은 인프라와 인재, 기술 등이 다양한 곳으로 흘러들며 새로운 혁신을 만들어냈습니다. 그 여파로 2005년에는 유튜브가 등장했고, 2007년에는 애플의 아이폰이 출시되었습니다. 2008년에는 에어비앤비, 2009년에는 우버가 세상에 나와 전 세계인의 생활 방식을 완전히 바꿔놓았습니다. 이처럼 인터넷 자본의 집중과 재편은 결국 인류 문명을 바꾸는 동력이 되었습니다.

마찬가지로 지금 전 세계의 자본이 AI 산업에 대규모로 몰려들고 있습니다. 30년 전 인터넷이 그랬듯, AI 역시 기존 산업의 패러다임을 근본적으로 바꾸고 인류의 또 다른 혁명을 촉발할 것입니다. 역사적으로 모든 산업혁명은 자본의 집중을 기반으로 이루어졌습니다. 이번에도 예외는 없을 것입니다. 우리는 지금 분명히 AI 혁명의 한가운데에 서 있습니다.

3경 원이 말해주는 것: 자본이 증명한 AI 혁명

순위	기업	국가	시가총액(원)
1	애플	미국	1501조
2	마이크로소프트	미국	1386조
3	구글	미국	1065조
4	아마존	미국	1058조
5	페이스북	미국	676조
6	알리바바	중국	657조
7	버크셔 해서웨이	미국	637조
8	텐센트	중국	537조
9	JP모건	미국	505조
10	존슨앤드존슨	미국	443조

2020. 01. 전 세계 시가총액 순위

일단 사실 확인부터 해보겠습니다. 진짜 자본이 모였을까요? 코로나 이전과 이후가 얼마나 달라졌는지를 비교하기 위해서 일부러 코로나 봉쇄 직전의 데이터를 가져왔습니다. 얼마 안 됐습니다. 불과 5년 전이에요. 코로나 우한 봉쇄가 2020년 1월 23일에 시작됩니다. 그러니까 위 시가총액은 코로나 영향이 하나도 없을 때예요. 당시 세계 5대 기업을 보면 애플, 마이크로소프트, 구글, 아마존, 페이스북 순입니다. 포노 사피엔스, 디지털 인터넷 문명이라고 할 만합니다. 특히 애플은 1501조 원, 약 1.3조 달러 이상으로, 최초로 시가총액 1조 달러를 돌파한 기업 중 하나였고, 당시에 일부에서는 이를 '거품'이라고 평가하기도 했습니다. 아이폰이나 신기술 등 애플이 보유한 미래 성장 동력에 대해 시장의 기대가 매우 컸기 때문입니다.

그전에 1등은 누구였을까요? 전통적으로 교육받은 방침에 따르면 인류에게 꼭 필요한 건 에너지입니다. 그래서 2013년까지만 해도 세계 시가총액 1위는 엑슨모빌ExxonMobil이라는 석유 기업이었습니다. 당시 상위 10개 기업 중에 6개 기업이 석유 기업이었고요. 그 외에 은행이 2곳, IT 기업이 마이크로소프트와 애플 2곳이었죠. 2020년에 달라진 변화를 보면, 이제 인류 생존에 필수적인 기반이 석유에서 스마트폰과 인터넷 기반 디지털 문명으로 옮겨가고 있음을 알 수 있습니다. 10위인 존슨앤드존슨이 443조 원인데 애플이 그 3배가 넘습니다. 이 시기 경쟁 기업인 우리나라 1등 기업 삼성전자가 370조 원, 일본 1등 기업 도요타가 268조 원이었습니다. 그렇게 보면 아무래도 애플 1501조 원은 너무 많아 보이지 않나요? 그래서 모두가 곧 떨어질 거라고 예상했죠.

그런데 아무도 예상하지 못한 코로나 팬데믹이 터지면서 전 세계가 급격히 디지털로 이동하기 시작했습니다. 자연히 애플의 실적도 크게 개선되었고, 사용자 수도 빠르게 늘어났습니다. 이에 따라 주가와 시가총액 역시 계속 상승했습니다. 팬데믹 기간 동안 시가총액 2위는 대부분 마이크로소프트였습니다. MS는 2019년 7월에 오픈AI에 대규모 투자를 단행했고, 이후 전략적 파트너십을 통해 오픈AI가 개발한 대규모 언어 모델Large Language Model, LLM을 2021년 무렵부터 자사 클라우드 서비스와 솔루션에 접목하기 시작했습니다. 이 과정에서 탄생한 대표적인 기술이 바로 AI 기반 보조 도구인 '코파일럿Copilot'입니다.

이런 배경에서 2022년 11월 30일, 오픈AI가 '챗GPT'라는 이름으로 생성형 AI 시대의 서막을 열었습니다. 전 세계 인류는 반신반의하면서도 호기심에 챗GPT를 직접 사용해보기 시작했는데, 체험해본 사람들은 하나같이 놀라워하며 "이건 혁명이다"라는 반응을 내놓았습니다. 생성형 AI를 제대로 개발하려면 방대한 데이터를 축적한 기업과 강력한 연산 자원이 반드시 필요합니다. 그래서 챗GPT를 계기로 생성형 AI의 가능성이 입증되자, 데이터와 기술을 보유한 관련 기업들의 주가가 크게 상승하기 시작합니다.

순위	기업명	국가	시가총액(원)
1	마이크로소프트	미국	4653조
2	애플	미국	4527조
3	엔비디아	미국	4294조
4	알파벳(구글)	미국	3158조
5	아마존	미국	2789조
6	사우디 아람코	사우디아라비아	2474조
7	메타(페이스북)	미국	1802조
8	버크셔 해서웨이	미국	1222조
9	일라이릴리	미국	1186조
10	TSMC	대만	1059조

2024. 06. 전 세계 시가총액 순위

2024년 6월 시가총액 순위에서 특히 눈에 띄는 변화는, 애플이 무려 12년 만에 처음 2위로 밀려났다는 사실입니다. MS는 10년 넘게 애플에 밀려 2위를 유지해왔는데 2024년이 되자 6개월간 1위에 머무릅니다. 당시 애플은 AI 전략의 부재로 시가총액이 급격히 하락해 약 3500조 원 수준까지 내려간 적도 있었습니다. 그러나 이후 오픈AI와의 협력을 통해, 아이폰 15 프로 모델부터 챗GPT를 통합하는 AI 전략을 발표하면서 "방대한 데이터와 자본을 확보한 만큼 AI 시대의 주요 플레이어가 될 수 있다"고 선언했고, 시총 역시 다시 상승세를 탔습니다. 이때 세계 10대 기업 중

AI 기업은 7개였고 11위의 테슬라Tesla, 12위의 브로드컴Broadcom, 17위의 텐센트Tencent를 합하면 총 10개의 AI 대표기업들이 등장합니다.

2024년 6월 27일, 저는 이 10개 기업들의 시총합계를 내봤습니다. 일종의 AI지수를 만들어본 것이죠. 그 금액이 무려 2경 3천조 원을 넘었습니다. 엄청난 금액이 AI에 몰린 것입니다. 이날 우리나라 코스피, 코스닥에 상장된 모든 기업들의 시총합계가 2500조 원이었던 걸 감안하면 얼마나 많은 금액이 모인 건지를 실감할 수 있습니다.

AI에 대한 자본의 사랑은 연말이 되며 더욱 짙어지더니, 2025년 1월에는 10대 AI 기업들의 시총합계가 결국 3경 원을 넘어섭니다. 2025년 상반기에는 미국 대통령에 도널드 트럼프Donald Trump가 당선되어 전 세계를 상대로 관세 전쟁을 벌입니다. 세계 시장은 불확실성에 휩싸이게 되고 미국 증시가 하루에 1경 원이 폭락하면서 AI 기업들의 시총합계 역시 2경 4천조 원까지 내려갔습니다. 그러나 경제상황이 안정되자 세계인의 AI 사랑은 다시 불타올라 8월 24일에 다시 3경 1천조 원을 넘어갑니다. 불과 1년 남짓 사이 무려 7천조 원이 다시 AI 10대 기업에 더 투자된 것입니다. 그나마 다행인 것은 우리나라 주식시장도 AI 기업들을 중심으로 상승세를 타면서 3천조 원을 돌파했습니다. 세계 10대 기업 중에서도 사우디

순위	기업명	국가	시가총액(원)
1	엔비디아	미국	5962조
2	마이크로소프트	미국	5285조
3	애플	미국	4844조
4	알파벳(구글)	미국	4209조
5	아마존	미국	3409조
6	메타(페이스북)	미국	2650조
7	브로드컴	미국	2374조
8	사우디 아람코	사우디아라비아	2056조
9	TSMC	대만	1877조
10	테슬라	미국	1766조

2025. 09. 전 세계 시가총액 순위

아라비아의 석유기업 아람코Aramco를 제외한 나머지는 전부 AI 기업이 자리를 잡습니다.

이제 세계 시가총액 1위는 엔비디아가 차지했습니다. 엔비디아는 2025년 7월 9일에 사상 최초로 시가총액 4조 달러를 돌파하며 명실상부 AI 시대의 상징 기업이 되었습니다. 생성형 AI를 가동하기 위해 필요한 복잡한 연산을 감당할 수 있는 GPU는 오직 엔비디아의 기술만이 가능하다는 점이 시장에서 확실하게 검증된 것이죠. 경쟁사인 인텔의 CPU는 속도가 수백 배나 느려 경쟁 상대가 되지 못했고, 결국 적자를 기록하며 한때 반도체의 황제였던 기업이 부도 위기를 맞게 됩니다.

  애플이 3위로 떨어진 점이 놀랍습니다. 애플은 2013년 세계 1위에 등극한 이후 이렇게 현격한 격차로 3위였던 적이 없습니다. 그만큼 지금까지 실적에서 따를 자가 없기도 했고요. 그런데 큰 차이로 3위로 내려앉은 겁니다. 이제 스마트폰의 시대는 가고 본격적인 AI 시대가 왔다고 자본이 명확하게 보여준 셈입니다.

  아마존과 구글은 그야말로 엎치락뒤치락하는 중입니다. 세계 클라우드 서비스 시장 점유율 1위인 아마존은 자체 솔루션보다 여러 기업들이 만든 AI 서비스를 베드록Bedrock이라는 플랫폼 위에 올려 고객 기업들이 원하는 서비스를 제공하는 데 집중하고 있습니다. 특히 앤트로픽Anthropic이라는 스타트업이 만든 AI 클로드Claude가 코딩에 뛰어나다는 평가를 받고 있습니다. AI도 기술력은 역시 구글이 가장 인정받고 있습니다. 최근에 나오는 서비스들은 분야마다 모두 강력한 리더십을 보여주고 있습니다. 미국법원에서 제기됐던 시장 독점 문제까지 비교적 원만하게 해결되면서 AI 시대 주인공이 될 준비를 착착 진행하는 중입니다.

  메타Meta도 만만치 않습니다. 아직은 AI 서비스에서 후발 주자로 평가받고 있지만 무려 20조 원을 투자하며 AI 인재를 끌어모으는 중입니다. 마크 저커버그Mark Zuckerberg는 사생결단의 각오로 인재 스카우트 전쟁 중입니다. 브로드컴과 TSMC는 AI 반도체의 핵심기업들로, 향후 몇 년간은 대체 불가할 기술력으로 인정받고 있습니다. 10위에 위치한 테슬라야말로 AI 시대 태풍의 핵입니다. AI 핵심이라는 LLM부터 피지컬 AI Physical AI에 이르기까지 못하는 것이 없습니다. 리스크라면 일론 머스크 Elon Musk의 지나친 자신감일 듯합니다.

마지막 기업은 중국의 텐센트입니다. 최근에는 알리바바 Alibaba도 주가가 오르며 20위권에 접근 중입니다. 둘 다 중국의 대표 플랫폼으로 AI 개발에 필요한 데이터와 연구개발 인력을 충분히 확보하고 있고 중국 정부의 집중 지원까지 받고 있으니 미국 기업들에 도전해볼 만합니다. 그러고 보니 유럽은 더욱 존재감이 없어졌네요. 이제 세계 20위권 이내에 유럽 기업은 없습니다. AI 문명 시대, 유럽의 미래 기대치가 높지 않다는 걸 자본이 증명합니다.

현재 세계 시가총액 상위 10대 기업의 합계는 벌써 3경 원을 넘어섰습니다. 이는 자본이 AI 산업에 얼마나 큰 기대를 걸고 있는지를 가장 잘 보여주는 지표라 할 수 있습니다. 3경 원이라는 규모가 잘 와닿지 않으실 텐데요. 대한민국 코스피 상장 기업 전체의 시가총액이 약 2천조 원입니다. 그런데 이제 시가총액이 2천조 원을 넘는 글로벌 기업이 무려 6곳이나 됩니다. 이는 단일 기업의 미래 가치가 한국 코스피 전체 기업들의 기대치를 넘어선다는 뜻이기도 합니다.

시가총액으로 나타나는 미래 성장 기대치

시가총액은 무엇을 의미할까요? 저는 이를 '미래 성장 기대치'라고 부릅니다. 주식을 사고팔 때 투자자들이 기준으로 삼는 것은 단 하나입니다. 앞으로 오를 것 같으면 사고, 내릴 것 같으면 파는 것이죠. 그래서 어느 한계 이상으로는 시가총액이 쉽게 올라가지 않습니다. 심지어 5천조 원까지 상승하면 이제 PER주가수익비율, Price to Earnings Ratio, PBR주가순자산비율, Price to Book Ratio 등 기업 이익 대비 평가 지표가 언급되며, '기업 이익에 비하면 시가총액이 너무 높다'는 분석이 나오기 시작합니다.

그런데 한 기업의 시가총액이 대한민국 모든 상장 기업의 시가총액 합계보다 2배 이상 높을 수 있을까요? 하지만 이것이 바로 자본시장이 냉정하게 계산한 '미래 기대치'입니다. 인류는 자기자본을 통해 이렇게 메시지를 보내고 있는 것입니다. "스마트폰 시대는 끝나고 AI 시대가 오고 있다. 앞으로 미래 성장 기대치를 높이려면 AI와 가까워져야 한다. 그러면 자본이 너의 미래에 투자할 것이다." 자본시장은 앞으로 더욱 AI 중심으로 쏠릴 가능성이 큽니다.

디지털이 표준으로 정착하면서 인류는 세상을 바꿨습니다. 그런데 챗GPT가 등장한 지 약 30개월 만에 또 한 번 세상이 달라지고 있습니다. 인터넷에는 갖가지 AI 후기 영상들이 올라옵니다. 예를 들어 "나에게 카드빚 3천만 원이 있었다. 한 달 동안 챗GPT가 알려준 방법을 따라 해보니 1천만 원을 갚을 수 있었다" 같은 내용이죠. 진위 여부는 알 수 없지만, 유튜브에 이런 사례가 넘쳐납니다. 이미 미국 소비자의 절반 이상은 쇼핑을 하기 전에 AI를 활용해 어떤 제품을 사는 것이 최선인지 비교 검토할 정도에 이르렀다고 합니다. 이처럼 디지털 표준에서 AI 표준으로의 전환은 앞으로 더욱 빠르게 진행될 것입니다.

그럼 시가총액으로 평가할 수 없는 나의 미래 성장 기대치는 어떻게 높일 수 있을까요? 우리 조직, 우리 가족, 나아가 대한민국 사회는 어떻게 대비해야 할까요? 자본은 30년 만에 찾아온 혁명의 시기를 맞아, 미리 AI 시대에 대응하라고 신호를 보내고 있습니다. 이를 이해하기 위해 이마트와 쿠팡 사례를 살펴봅시다.

2025년 9월 기준으로 이마트의 시가총액은 2조 원대, 쿠팡의 시가총액은 70조 원대입니다. 이마트는 분명 쿠팡보다 먼저 시장에서 우위를 점할 기회를 가지고 있었습니다. 풍부한 자본을 기반으로 오프라인 시장 점유율도 장악하고 있었죠. 그러나 AI 기반 수요 예측과 맞춤형 마케팅, 소비자 행동 변화에 대한 적극적인 투자가 부족했습니다. 반면 쿠팡은 대규모 투자를 통해 IT 인프라와 물류

시스템을 혁신하고, AI 기술을 적극 도입했습니다. 그 결과 빠르게 시장 점유율을 확대하며, 이마트가 따라잡기 어려운 위치로 나아갔습니다. 이마트와 쿠팡의 시가총액 역전은 단순한 경쟁의 결과가 아닙니다. 이는 AI 시대의 도래와 함께 비즈니스 모델의 혁신과 디지털 전환의 중요성이 부각된 대표적인 사례입니다.

우리는 이러한 사례에서 교훈을 얻을 수 있습니다. 기회가 있을 때 기술과 혁신에 투자하지 않으면, 아무리 우위를 가지고 있었더라도 순식간에 뒤처질 수밖에 없습니다. 자본이 전하는 혁명의 메시지는 명확합니다. "AI 시대에는 준비하고, 혁신하며, 기술을 활용하는 자에게 미래가 보장된다." 이 교훈을 우리 조직과 개인, 사회 전반에 적용해야 합니다. 최근 이마트가 알리바바와 협력을 확대하며 다시 온라인 유통에 도전하고 있습니다. 좋은 사례입니다. 실패는 할 수 있지만 도전을 멈춰서는 안 됩니다. AI 혁명은 재도전을 위한 훌륭한 기회입니다.

알파고가 이세돌을 꺾었던 당시, 언론의 관심은 뜨거웠지만 자본시장의 반응은 미미했습니다. 자본은 검증되지 않은 기술에 대해서는 좀처럼 움직임을 보이지 않기 때문입니다. 그런데 이번에는 달랐습니다. 30년 만에 자본이 '버블'이라는 말이 나올 정도로 거대한 규모로 움직이기 시작한 것입니다. 혁명을 가속화할 에너지가 마침내 충전 완료된 셈입니다.

자본이 우리에게 질문을 던지고 있습니다. "지난 1년간 AI에 대해 얼마나 공부하고 투자했는가?" 지금이 시작할 때입니다. 적어도 혁명기 3년 동안은 뒤처지지 않도록 부지런히 따라가야 합니다. 지난 1년의 변화 속도만으로도 충분히 놀라울 정도입니다. 이런 두려움을 극복하는 방법은 오직 학습뿐입니다. 더 이상 미룰 수 없습니다. 이는 앞으로 우리 인생의 5년, 10년 후 미래 가치를 결정짓는 중요한 일입니다. 지금 당장 부지런히 AI 공부에 매진해야 할 때입니다.

○ **1장 요약** ○

현재 한국의 AI 수용 패턴
- 챗GPT 체험률: 세계 최고 수준, 유료 가입자 수 세계 2위
- 특징: 호기심은 높으나 회사 업무 등 본격 활용에는 더딘 편

시가총액 상위 기업 변화 (2020 → 2025)

순위	2020년 1월	시가총액(원)	2025년 9월	시가총액(원)
1	애플	1501조	엔비디아	5994조
2	마이크로소프트	1386조	마이크로소프트	5377조
3	구글	1065조	애플	5089조

AI 혁명기 자본시장의 주요 특징
- 상위 10개 기업 시총합계 3경 원 돌파
- 금융계 "1990년대 인터넷 혁명 이후 30년 만의 현상"

AI 혁명의 촉발 요인

❶ **코로나 팬데믹**
- 전 세계 13억 명(10~20대)이 디지털 우선 사고방식으로 전환
- 비대면 교육으로 디지털 지식 습득 보편화

❷ **챗GPT의 게임 체인저 역할**
- 2022년 11월 출시 후 실용적 활용 급증
- 단순 호기심을 넘어 학습·업무·창작 전반에 적용

❸ **자본의 대규모 집중**
- AI 관련 기업들의 급격한 시총 상승
- 데이터와 연산 자원 보유 기업들의 주가 폭등
- AI 산업 혁신을 위한 거대 투자 자본 축적 - 혁명의 에너지 풀 충전

> 우리는 AI 혁명의 중심에 서 있으며,
> 적극적으로 대응하는 것이 생존과 성장의 핵심 조건이다

02
중요한 것은 AI 세계관

제가 강조하고 싶은 핵심은 혁명의 에너지가 이미 충분히 충전되었고, 앞으로 AI 혁명을 일으킬 가장 중요한 '실탄'이 지금 완벽히 준비되었다는 것입니다. 그렇다면 우리가 해야 할 일은 이에 철저히 대응하는 것입니다.

삼성전자의 시가총액을 보면 500조 원 수준입니다. 해외 유사 기업들에 비하면 턱없이 낮습니다. 이유는 AI 시대에 대응이 충분히 빠르지 못했기 때문입니다. 2024년 한 해 동안 삼성전자는 32조 원의 흑자를 기록했고, 2025년 1분기에도 6조 원 정도의 흑자를 냈습니다. 그럼에도 불구하고 시장 기대치에는 미치지 못했습니다. 실제로 2024년 3분기 실적 발표 후 전영현 삼성전자 부회장이 "시장의 기대에 부응하지 못해 죄송하다"는 사과문을 발표했죠. 그 후 일부 언론과 칼럼에서는 "어닝쇼크", "실적 부진"이라는 비판이 퍼졌습니다.

그런데 삼성전자 2024년 3분기 실적을 자세히 보면 매출은 전년 동기 대비 7퍼센트 성장하여 사상 최대치를 기록했고, 분기 영업이익도 9조 1천억 원으로 결코 나쁘지 않았습니다. 그럼에도 불구하고 기업은 반성문을 냈습니다. 저는 여기서 스스로 물어봤습니다. "나는 전년 대비 7퍼센트 성장했는가?", "그만큼 이익을 냈는가?" 아마 제가 그런 실적을 냈다면 적어도 반성은 하지 않았을 것 같습니다. 그 정도면 잘했다고 생각하지 않았을까요? 물론 시장의 기대치에는 미치지 못했고 영업이익률도 감소했다고 합니다. 그래도 반성문을 쓸 정도는 아닐 텐데, 잘못했다며 공식적인 사과를 했습니다.

이유는 단 하나, AI 시대에 준비가 미흡했다는 것입니다. 엔비디아의 시대가 올 것을 예측하고 GPU에 필요한 기술을 확보했어야 했는데 그러지 못했음을 반성한 것입니다. 이것이 글로벌 스탠다드입니다. 여러분은 지난 1년간 AI 공부를 열심히 하셨나요? 물론 개인이니까 기업처럼 오래전부터 투자하지는 못했을 수도 있습니다. 그래도 혁명이 시작되었다면 이 정도 각오는 해야 하지 않을까요?

우리는 누가 잘못했는지 따지는 것에 익숙합니다. 그런데 나 자신을 돌아보는 데는 인색합니다. 눈앞의 현실이 된 AI 혁명 시대, 경쟁력을 갖추려면 보편적 인류가 냉정하게 판단하는 기준에 부합해야 합니다. AI와 친해지고, 그 가능성을 먼저 경험하며 판단하고 새로운 전략을 세울 수 있어야 합니다. 이 책에서는 이런 기준에 따라 우리가 어떤 생존 전략을 세워야 할지 구체적으로 살펴보고자 합니다.

그럼 가장 먼저 무엇을 해야 할까요? AI 시대를 제대로 이해하려면, 우리의 세계관 속에서 AI 시대가 실제로 오고 있다는 사실을 확신해야 합니다. 긴가민가해서는 안 됩니다. 우리나라를 보면 AI에 대한 사회적 관심은 아직 낮은 상황입니다. 이는 사회적 관성 때문입니다. 개발도상국적 관성을 벗어나지 못했고, AI가 우리 사회를 얼마나 강력하게 바꿀지 충분히 인식하지 못했기 때문입니다.

한국 사회의 기준을 보면, 우리는 디지털 세계로 완전히 전환하지도 못한 상태입니다. 우버는 불법으로 규제되어 있고, 에어비앤비도 제한적 운영만 허용됩니다. 암호화폐 발행도 금지되어 있습니다. AI에 대해 뉴스에서 가장 많이 접하는 내용은 '가짜 영상이나 범죄에 악용되고 있다'는 부정적 보도일 가능성이 높습니다. 반면 자율주행차나 휴머노이드 로봇 기술 개발 현황에 대해서는 최신 소식을 접하지 못하고 있습니다. 그래서 '아직 멀었다'고 쉽게 단정 지을 수 있는 것입니다. 본질적으로는 급격한 변화에 대한 두려움이, 자기방어적 판단으로 이어지는 탓입니다. 이러한 사회적 관성 때문에 대한민국에서는 디지털 시대에도 법과 규제가 변화를 늦추고, 언론은 AI가 가져올 혁신적 변화보다 부작용을 강조하고 있습니다.

관성을 깨라: 변화에 맞서는 한국의 선택

왜 우리는 변화를 두려워할까요? 예를 들어보겠습니다. 국내에 우버 서비스가 도입된다면, 가장 먼저 타격을 받는 곳은 택시업계입니다. 그래서 우리는 단순한 선택을 했습니다. 우버를 규제하고 기존 택시 회사를 보호한 것이죠. 이유가 무엇일까요? 혁신하려는 마음이 부족해서일까요? 그렇지 않습니다. 대한민국 국민의 사회적 구조와 마음이 반영된 결과입니다. 한국 사람이라면 친구 중에 AI 관련 스타트업에서 일하는 사람이 많을까요, 아니면 택시 기사가 많을까요? 대한민국의 법률은 주로 60대가 제정합니다. 그들에게는 택시 기사 친구가 많을 가능성이 높습니다. 반대로 우버 같은 스타트업을 운영하거나 혁신을 지향하는 친구는 거의 없겠죠. 이러한 구조가 정책 결정에 그대로 반영되는 것입니다.

"지난 10년간 디지털 대전환 덕분에 연봉이 올랐거나 회사 매출이 좋아진 사람 계신가요?"라고 물으면, 손을 드는 사람은 5퍼센트 정도일 겁니다. 나머지 95퍼센트는 새로운 기술에 적응하느라 힘들고 혼란스러웠을 겁니다. 예를 들어, 여러분이 은행에서 근무한다고 가정해보세요. 20년간 지점장이 되기 위해 행원부터 시작해서 성실하게 일한 끝에 드디어 내 차례가 왔습니다. 그런데 손님이 줄어 내가 일하던 지점이 폐쇄된다면, 여러분에게 무슨 잘못이 있습니까? 대학 나와 열심히 일한 죄밖에 없습니다. 그런데 지금은 저도 은행에 가지 않습니다. 스마트폰 어플을 이용하죠. 거부할 수 없는 순리라는 뜻입니다.

혁명은 본질적으로 파괴적이기에 혁명입니다. 기존 기성세대의 일자리와 생태계가 한순간에 쓸려나갈 수 있습니다. 그렇기 때문에 지난 20년간 대한민국의 사회적 관성은 "천천히 가자"였습니다. 하지만 그렇게 해서는 자본을 불러올 수 없습니다. 불법이 기본 전제인 상태에서 누가 사업을 하려 들겠어요. 그리고 이 관성은 혁신을 두려워하는 국민 95퍼센트의 마음이 만든 결과이므로 단순히 나쁘다고만 할 수는 없습니다. 문제는 이러한 관성 속에 머물러 있으면 미래 기대치를 내 마음속 중심에 자리 잡게 할 수 없다는 점입니다.

	제조업 →	스마트폰 →	뉴노멀
	2010년	2025년	2030년
교통	택시	우버	자율주행차?
호텔	메리어트, 하얏트, 힐튼	에어비앤비	메타버스?
금융	KB, 신한	카카오, 토스	코인? CBDC?
방송	지상파, 케이블TV	유튜브, 넷플릭스	OTT, AI?
유통	월마트, 이마트	아마존, 쿠팡	옴니채널, AI?
제조	삼성, 도요타	애플, 테슬라	온디바이스 AI, 로봇?
SNS	인스타그램, 페이스북	틱톡, 메타, 로블록스	생성형 AI?

데이터를 살펴보겠습니다. 제가 왜 '사피엔스'라는 용어를 썼는지 이해하실 수 있을 겁니다. 호모 사피엔스는 지난 7만 년 동안 스스로 자신에게 더 나은 방향을 선택하며 인류의 표준을 만들어 왔습니다. 그렇다면 우버와 택시 중 하루 이용객이 더 많은 쪽은 어디일까요? 베트남에서는 중고생들이 전부 동남아시아판 우버인 '그랩Grab'으로 오토바이를 잡아타고 등하교를 합니다. 가입자 수가 9천만 명을 넘었다고 하고요. 이런 상황이라면 이미 시장을 장악했다고 봐도 무방합니다.

그런데 우리는 이런 글로벌 흐름을 거스르며 국내 유입을 막으려 하고 있습니다. 쇄국정책을 쓰고, 국내 택시업계를 보호하는 것이 옳다고 믿는 수많은 언론 기사만 보면서 말이죠. 그러다 보면 자연스럽게 새로운 기술을 받아들이는 데 저항감이 생기고, '부작용이 많겠지'라고 짐작하게 됩니다. 그래서 한국 사회는 AI의 부작용에 더 주목하는 현재의 분위기를 순방향이라고 여기며, 이를 인류의 표준 문명이라고 생각하는 경향이 있습니다. 문제는 현실에서는 반대편의 이용률이 훨씬 높다는 점입니다.

대한민국의 표준 방송도 한번 살펴보겠습니다. KBS일까요, 아니면 유튜브일까요? 실제 데이터로 보면 비교가 되지 않을 정도로 차이가 납니다. 2019년 방송통신위원회 조사에 따르면, 저녁 7시 이후 유튜브를 보는 사람이 무려 60퍼센트, TV는 28퍼센트, 지상파는 14퍼센트, 그렇다면 KBS는? 단 5퍼센트에 불과합니다. 지금은 그 차이가 훨씬 더 벌어졌을 것입니다.

그런데 왜 온 국민이 보지도 않는 지상파 수신료를 계속 내고 있을까요? 이것이 바로 관성입니다. '30년 동안 해온 걸 어떻게 바꿔'라는 마음이죠. 이 관성은 여러분이 기획이나 마케팅 아이디어를 고안할 때, 이직을 할 때, 회사를 운영할 때에도 지배적인 사고방식을 만들어냅니다. 리더이자 CEO인 사람들이 이러한 태도를 갖고 있다면, 다른 직원들도 자연스럽게 '하던 대로 하자. 우리 사장님은 새로운 걸 좋아하지 않아'라고 생각하게 됩니다. 안정적인 시기라면 큰 문제가 되지 않지만, 지금 같은 혁명의 시기에는 굉장히 위험한 생각입니다.

여러분은 앞으로도 끊임없이 대한민국의 사회적 관성의 벽에 부딪혀 '개혁과 혁신에는 커다란 부작용이 따른다'는 이야기를 듣게 될 겁니다. 지금부터라도 관성을 깨고 싶다면, AI 관련 기사를 면밀하게 살펴보세요. 부작용에 대해서는 외면하지 말고, 비판적으로 접근하세요. 그리고 그보다 4배 이상의 시간을 들여 부작용 이면에 숨어 있는 혁신의 핵심은 무엇인지 분석하고, 관련 지식을 쌓고, 그로부터 도출한 아이디어로 기업을 세우고 새로운 비즈니스를 만드는 곳이 어디인지 찾아야 합니다.

왜 이렇게 사서 고생을 해야 하냐고요? 한국 언론은 AI의 혁신에 대해서는 잘 다루지 않기 때문입니다. 행사에서 만난 언론사 기자들에게 "AI에 대해서 왜 부정적인 기사만 쓰세요? 혁신에 관한 내용도 많이 다뤄주세요"라고 물었더니, 그들은 이렇게 답했습니다. "교수님, 부정적인 기사에 조회 수가 3배 이상 나와요." 인간은 본질적으로 변화를 싫어합니다. 나이에 따른 자연스러운 현상이라 나쁘다고만 할 수는 없습니다. 하지만 세계 자본이 가리키는 방향으로 나아가고 싶은 사람이라면 반드시 시간을 들여, 성공한 기업들이 데이터 플랫폼을 구축한 이후 AI 시대에 어떻게 활개치고 있는지, 그리고 이 거대한 자본이 AI와 관련된 변화를 얼마나 빠르게 만들어내고 있는지를 학습해야 합니다. 이것이 제가 강조하는 마인드셋입니다. 마음이 바뀌어야 준비가 시작됩니다.

광고 대신 데이터, 괴짜 아닌 전략가

다행스러운 일은 2025년 1월, 딥시크가 등장했다는 점입니다. 딥시크의 등장은 전 세계적으로 상당한 충격을 주었고, 우리나라에서도 이때부터 정치권과 사회적 리더들이 AI에 대해 깊은 관심을 표명하기 시작했습니다. 덕분에 제21대 대통령선거에서도 AI 관련 공약이 크게 늘었죠. 우리나라가 AI를 준비한다는 관점에서 볼 때, 이는 매우 다행스러운 일입니다. 제가 강연을 하면서 돌아봐도, 그때를 기점으로 기업은 물론 교육 및 다양한 분야에서 AI에 대한 관심이 급격히 높아진 것을 체감할 수 있었습니다.

우리가 AI를 제대로 공부하지 않고 있었던 사회적 관성을 깨뜨릴 좋은 롤모델이 있습니다. 바로 테슬라를 만든 일론 머스크입니다. 여러분이 생각할 때, 일론 머스크는 어떤 사람인가요? 우리 모두 최소한 '비정상'이라는 사실은 알고 있습니다. 하지만 테슬라는 2025년 9월 기준으로 시총이 약 2천조 원인 자동차 회사입니다. 비교할 만한 국내 기업으로 현대자동차그룹을 보면, 현대자동차 시총은 약 46조 원, 기아자동차 40조 원을 합해도 86조 원에 불과합니다. 미래 성장 기대치에서 현저히 차이가 나는 것이죠.

그럼 실적은 어떨까요? 2024년 테슬라는 약 180만 대를 판매했습니다. 현대자동차그룹은 800만 대 이상을 팔아 세계 판매 2위를 달성했고, 폭스바겐Volkswagen을 넘어섰습니다. 2025년 1분기 현대자동차는 사상 최대 실적을 기록했습니다. 반면 테슬라는 2025년 1분기에 전년 대비 역성장을 기록했죠. 그럼 테슬라의 가치가 떨어져야 하지 않을까요? 그런데 현대차그룹이 약 86조 원인데 테슬라는 약 2천조 원입니다. 이 차이는 어디에서 발생한 걸까요?

한국 기업을 성장시키고 해외 자본을 더 끌어오기 위해서는 테슬라가 보여주는 혁신성이 무엇인지 배우고 연구해야 했습니다. 하지만 찾아보거나 공부한 적이 거의 없죠. 바로 관성 때문입니다. 관성의 핵심은 들리는 것만 듣는다는 겁니다. 여러분이 어쩌다 일론 머스크를 '비정상'으로만 생각하게 되었는지는 잠시 후에 알게 됩니다.

그럼 자본이 선택한 테슬라의 혁신성이 무엇인지 잠시 살펴보겠습니다. TV에서 테슬라 광고를 본 적이 있으신가요? 거의 없을 겁니다. 한 번도 하지 않았거든요. 일론 머스크는 트위터에 'I hate advertising(나는 광고가 싫다)'이라고 올렸습니다. 제품을 전통 매체에 광고로 노출하는 방식은 지금 시대에 유효하지 않다는 겁니다. 지금 시대의 표준 미디어는 SNS입니다. 그렇다면 광고는 어떻게 해야 할까요? SNS로 직접 소통하며 사람들이 브랜드를 알게 해야 합니다. 마케팅 담당자가 들으면 "그래서 그걸 어떻게 해야 하죠?"라고 되물을 겁니다.

하지만 일론 머스크는 2003년 테슬라를 창업할 때부터 이 방식을 고수했습니다. 새로운 자동차 모델이 나왔을 때, 회사 내부에서는 당연히 광고를 하자고 주장했겠죠. 그러나 일론 머스크는 "광고 대신 직접 우리 차를 타본 사람들이 '이 차는 미쳤다'는 후기를 유튜브든 SNS든 올려야 한다"고 주장했습니다. 그래서 TV 광고를 하지 않습니다.

언론사가 제일 싫어하는 사람은 누구일까요? 바로 광고비를 안 주는 사람입니다. 전 세계 언론이 연대하여 테슬라와 일론 머스크를 부정적으로 보도하는 이유이기도 합니다. 그래서 우리는 일론 머스크를 잘 모르면서도 '이상한 사람'이라는 정보는 알고 있었던 것이죠. 결혼하지 않았는데 자식은 있고, 만나지도 않았는데 정자로 아이를 갖게 하고, 온갖 소문이 무성합니다. 하지만 언론이 알려주지 않는 그의 진짜 혁신성을 배우려면 스스로 찾아 공부해야 합니다.

데이터를 보면 명확히 알 수 있습니다. 일론 머스크는 데이터와 전략에 기반해 비즈니스를 운영합니다. 그래서 비용 대비 효과가 떨어지는 전통적인 TV 광고에 의존하지 않고, 대신 매년 수천억 원 단위의 비용을 절감했습니다. 이렇게 절약한 비용을 자율주행 기술, 휴머노이드 로봇, 우주 프로젝트 등 미래 기술을 개발하는 데 집중 투자했습니다.

머스크에 대해서는 계속해서 이야기하겠지만, 그가 '미쳤다'는 평가를 듣는 데는 그의 사업 영역이 우주로 뻗어나간다는 점도 한몫을 합니다. 머스크는 전 세계를 연결하는 위성 인터넷망 '스타링크Starlink'를 구축하기 위해 민간 우주기업 스페이스XSpaceX를 설립했습니다. 스페이스X는 재사용 로켓 기술을 개발하여 발사 비용을 대폭 절감해서 우주 발사 산업의 비용 구조와 성장 패러다임을 근본적으로 바꾸었습니다. 이를 통해 저비용으로 인공위성을 궤도에 올릴 수 있었고, 스타링크로 전 세계에 지리적 제약이 없는 고속 인터넷 서비스를 제공하고 있습니다. 지금 전 세계가 일론 머스크와 그의 기업이 만들어내는 정보와 기술에 주목하는 이유입니다.

현대 전쟁에서는 단순한 무기보다 정보와 데이터가 생존을 좌우합니다. 우크라이나-러시아 전쟁에서 러시아가 예상 밖으로 고전한 이유 중 하나는 우크라이나가 미국의 데이터 분석 기업 팔란티어Palantir의 인터넷과 첨단 데이터 분석 기술을 활용했기 때문입니다. 러시아 군대가 특정 지역에 몰려 있음을 빠르게 파악하고, 그 정보를 바탕으로 정밀 타격을 집중적으로 시행했습니다. 팔란티어의 AI 기반 플랫폼 고담Gotham이 위성, 드론, SNS 등 다양한 채널에서 수집한 정보를 분석해 러시아군 위치를 정밀하게 파악하는 데 크게 기여했습니다. 이를 통해 우크라이나군은 적은 병력으로도 효율적이고 효과적인 공격을 할 수 있었습니다.

반대로 전쟁이 일정 부분 소강 상태에 접어든 이유는 양측 모두 민감한 정보를 통제하거나 제한했기 때문인데요. 이 지점에서 일론 머스크의 전략이 돋보입니다. 그는 스페이스X와 스타링크를 통해 글로벌 인터넷 통신망을 구축했고, 이를 통해 전 세계 어디서든 빠른 정보 접근과 통신이 가능하도록 했습니다. 단순히 기술 기업을 운영하는 것이 아니라, 정보와 데이터를 기반으로 미래 전략을 설계한 셈입니다. 이러한 준비 덕분에 스타링크는 전쟁과 재난 상황에서 신뢰할 수 있는 통신망으로 활용될 수 있었고, 머스크의 영향력과 미래 성장 기대치 역시 높아졌습니다.

결국 일론 머스크가 보여주는 핵심은 명확합니다. 그는 혁신적인 제품을 만드는 것에 그치지 않고, 데이터와 기술을 전략적으로 연결해 미래의 변화를 선점했습니다. 현대사회와 전쟁에서 정보가 갖는 가치를 미리 이해하고 이를 기반으로 행동한 것이 오늘날 그를 단순한 기업가가 아닌, 데이터와 혁신을 연결하는 전략적 리더로 만든 것입니다.

다음으로 xAI가 있습니다. 일론 머스크가 2022년 10월 트위터를 440억 달러에 인수했습니다. 본인 입장에서는 전통적인 언론 사라기보다 방대한 사용자 데이터를 가진 플랫폼을 확보한 셈입니다. 이후 트위터 브랜드를 X로 변경했고, 이를 기반으로 xAI라는 인공지능 회사를 설립했습니다. 이 과정에서 엄청난 양의 사용자 데이터와 인터넷상의 공개 데이터를 활용할 수 있게 되었고, 이를 통해 '그록Grok'이라는 생성형 AI 모델을 개발했습니다. 이러한 전략 덕분에 일론 머스크의 미래 성장 기대치는 더욱 높아졌습니다. 결국 그가 다음 시대를 이끌어갈 리더임을 보여주는 사례인 셈입니다. 이것이 제가 그의 전략과 접근법을 배워야 한다고 강조하는 이유입니다.

초거대 자본으로 무장한 빅테크들의 전쟁터

엄청난 사회적 관성이 끊임없이 우리를 '혁신에는 반드시 부작용이 있다'는 사고로 이끌고 있습니다. 이러한 관성은 단순히 현대 사회의 문제가 아니라, 역사적으로도 반복되어온 현상입니다. 조선시대를 떠올려보세요. 서구 문명과 신기술이 들어오는 순간, 조정에서는 "이것을 받아들이면 나라가 망할 것"이라는 두려움이 팽배했습니다. 그래서 쇄국정책을 펼치고, 외부와의 교류를 철저히 차단했죠. 그 결과, 산업혁명과 근대적 제도를 받아들이며 빠르게 변화하던 서구 국가들의 흐름에서 조선은 뒤처질 수밖에 없었습니다.

그 당시 조선이 근대화 흐름을 따라가지 못한 이유는 기술 부족이나 외교 실패 때문만이 아닙니다. 근본적으로는 사회 전반에 걸친 보수적 사고, 기존 질서를 유지하려는 강한 집착, 그리고 권력 구조를 유지하려는 지배층의 이해관계가 맞물린 결과였습니다. 기존 체제를 유지하려는 힘이 혁신의 속도보다 훨씬 강했기 때문에, 외부 변화가 가져오는 기회를 적극적으로 활용할 수 없었습니다. 또한, 당시 백성들의 삶과 교육 수준, 사회적 인식 구조 또한 서구 근대화에 발맞추기에는 충분히 준비되어 있지 않았습니다.

이처럼 사회적 관성은 단순히 선택의 문제를 넘어 국가 전체의 생존과도 연결됩니다. 멸망한 건 조선뿐만이 아닙니다. 호모 사피엔스 7만 년 역사를 살펴보면 전 세계적으로 혁명적 신문명이 등장하고 표준 문명이 바뀌는 과정에서, 새로운 기술과 제도를 적극적으로 받아들이지 못한 국가는 모두 역사 속으로 사라졌습니다. 이는 우연이 아니라, 혁신을 거부하고 기존 관성을 유지하려 한 결과였습니다.

오늘날에도 마찬가지입니다. 세계 표준 문명이 급격히 변하고 있는데, 이를 따라잡지 못하면 국가와 사회, 기업, 개인 모두 경쟁력에서 뒤처질 수밖에 없습니다. 기술과 제도, 사회적 흐름을 적극적으로 받아들이고 새로운 표준에 적응하는 능력이 없으면, 역사

속 수많은 나라가 겪었던 것처럼 도태될 가능성이 높습니다. 다시 말해, 혁신을 거부하는 사회적 관성은 과거 조선이 겪었던 쇄국과 같은 결과를 초래할 수 있다는 경고인 셈입니다.

한국은 배움의 속도가 상대적으로 더딘 나라입니다. AI 교과서 도입은 소극적이고, 의대 정원 확대와 같은 논의에도 여전히 강한 반대가 존재하는 등 사회 곳곳에서 변화보다 규제를 우선시하는 흐름이 유지되고 있습니다. 이미 세계는 AI를 표준으로 받아들이고 있는 상황에서 AI가 바꿔놓을 미래 산업과 일자리 생태계에 대한 준비가 충분히 이루어지고 있지 않다는 점이 걱정스럽습니다. 인간의 뇌는 보고 배우는 정보에 따라 자신의 생각과 판단을 만들어나갑니다. 따라서 막연히 '어떻게든 되겠지' 하는 안일한 기대에 머무르지 말고, 먼저 마음속에 자리 잡은 쇄국적 사고의 장벽을 허물고, 적극적으로 학습하고 준비해야 합니다.

초거대 자본을 바탕으로 한 빅테크 기업들의 경쟁은 더욱 치열해지고 있습니다. AI의 상징인 오픈AI조차 최근 몇 가지 위기 상황에 직면해 있습니다. 오픈AI는 2025년 5월, AI 코딩 스타트업인 윈드서프Windsurf를 약 30억 달러에 인수하려 했으나, 마이크로소프트의 개입으로 무산되었습니다. MS는 오픈AI와의 파트너십 계약에 따라 오픈AI 인수 자산에 대한 자동 접근 권한을 보유하고 있었고, 오픈AI와 윈드서프 모두 이를 우려하여 인수 계약을 진행할 수 없었습니다. 이 과정에서 윈드서프의 CEO와 핵심 엔지니어들이 구글의 딥마인드 DeepMind로 이직하게 되었고, 이는 오픈AI의 기술력에 대한 우려를 증대시켰습니다. 또한, 오픈AI는 소프트뱅크로부터 400억 달러의 투자를 유치하기로 했으나, 2025년 말까지 영리법인으로 전환하지 않으면 투자금이 200억 달러로 축소될 수 있다는 조건이 포함되어 있기 때문에 사실상 집행 규모가 줄어들 전망입니다.

반면, 구글과 메타는 AI 인재 확보를 위해 공격적인 전략을 펼치고 있습니다. 메타의 CEO인 마크 저커버그는 최고 인재를 영입하기 위해 '더 리스트 The List'라고 불리는 AI 연구자 명단을 직접 작성하여 이 명단을 바탕으로 1억 달러 약 1400억 원 규모의 연봉부터 최대 3억 달러의 보상 패키지를 제시하며 영입전을 벌이고 있습니다.

이러한 상황은 한국 기업들에게 중요한 시사점을 제공합니다. AI 기술의 발전과 인재 확보 경쟁이 심화되는 가운데, 한국 기업들도 글로벌 경쟁에서 뒤처지지 않기 위해서는 AI 기술 개발과 인재 양성에 대한 투자를 강화하고, 유연한 조직 구조와 혁신적인 기업 문화를 조성해야 할 시점입니다. 특히, 정부와 기업이 협력하여 AI 분야의 정책적 지원과 인프라 구축에 힘써야 합니다. 이제 인류의 표준은 디지털 문명을 기반으로 AI 시대를 준비하는 쪽으로 이동하고 있습니다. 그동안 발전해온 메타버스도 이제 엔비디아의 옴니버스Omniverse, 코스모스Cosmos 등 AI 기술의 발전에 맞춰 디지털 공간과 디자인 공간으로 진화하고 있습니다. 과거부터 이어져온 디지털 전환의 결과물들이 AI라는 하나의 축으로 융합되면서 새로운 서비스와 산업으로 부상하고 있는 것이죠. 이 변화를 면밀히 관찰하는 것이 매우 중요합니다.

우리나라에서도 소버린 AI Sovereign AI 역량, 즉 자체 인프라와 데이터, 인력, 비즈니스 네트워크를 활용하여 AI를 구축할 수 있는 국가적 능력에 대한 논의가 본격적으로 시작되고 있습니다. 이를 위해서 LLM을 개발하는 소프트웨어 기술뿐 아니라, 서버를 구축하고 운영하는 기술, 이를 뒷받침할 반도체 제조 기술, 안정적인 전기 공급 기술, 그리고 소형모듈원자로 SMR와 연계한 전력 인프라 기술 등 대규모 AI 데이터센터 운영과 관련된 모든 기술이 통합적으로 필요합니다. 세계관이 바뀌면서 가장 필요한 기술 중 하나가 바로 AI 주권을 확보하는 일입니다.

이런 관점에서 보면, 우리나라도 이미 상당한 기술 역량을 확보하고 있으며, 앞으로 부족한 부분만 전략적으로 보완한다면 AI 선두 국가와 기업들을 발 빠르게 따라잡을 수 있을 것입니다. 소버린 AI 확보는 우리의 데이터와 인프라, 그리고 인재를 해외에 빼앗기지 않고 스스로 주도권을 쥘 수 있느냐의 문제이기도 합니다. 세계 질서가 바뀌는 전환의 시기에 한국이 앞으로 AI 상승 곡선에 올라타기 위해서는 기술적 투자뿐 아니라 우리 사회 전체가 의식을 새롭게 가져야 할 때입니다. AI 문명 시대를 맞이한 우리의 산업경쟁력은 나쁘지 않습니다. 문제는 세계관입니다. 우선 나부터, 우리 가족, 그리고 우리 사회까지 바꿔나가야 합니다. 속도도 빨라야 합니다. 이것이 이 책에 담긴 저의 다급한 마음입니다.

○ 2장 요약 ○

삼성전자 사례: 실적 vs. 기대치

구분	2024년 실적	시장 반응
매출 성장률	전년 대비 7% ↑ (사상 두 번째 매출 기록)	공식 사과문 발표
분기 영업이익	9.1조 원	"AI 준비 부족"
시가총액	500조 원	해외 유사기업 대비 저평가 (TSMC 1700조 원대)

▸ 실적이 뛰어나도 AI 대응 미흡 시 시장에서 외면

한국 사회의 관성 문제

분야	글로벌 표준	한국 현황	결과
교통	우버 (258조 원)	규제로 진입 차단	혁신 기회 상실
숙박	에어비앤비 (112조 원)	제한적 운영만 허용	시장 선점 실패
방송	유튜브 60% 시청률	지상파 5% 시청률	관성적 수신료 유지

▸ 원인: 기존 산업 보호 우선 + 부작용 강조 언론 + 60대 중심 정책 결정

일론 머스크의 혁신 전략
- 광고비 제로: SNS 직접 소통으로 수천억 원 절약
- R&D 집중: 절약 비용을 자율주행·로봇·우주 기술에 투자
- 통합 생태계: 스페이스X + xAI + 테슬라 시너지

글로벌 AI 경쟁 현황
❶ 인재 확보 전쟁
- 메타: 최고 3억 달러 보상 패키지
- 오픈AI: 마이크로소프트 개입으로 M&A 무산

❷ 소버린 AI: 한국의 긴급 과제
- LLM 개발 + 서버 운영 + 반도체 제조 + 전력 인프라 (SMR 포함)
- 목표: 데이터·인프라·인재의 해외 의존도 탈피

> 세계관이 바뀌면서 가장 시급한 한 가지는 AI 주권 확보다

GLOBAL AI TREND

2부

글로벌 AI 트렌드

03

AI의 핵심: LLM

그럼 이제 구체적으로 어떤 변화가 일어났는지 살펴볼까요? 챗GPT가 등장한 지는 아직 얼마 되지 않았습니다. 2022년 11월 30일 출시되었으니, 이제 약 3년 정도 된 셈이죠. 챗GPT는 우리말로 표현하면 '척척박사 만능 비서'입니다. 무엇이든 물어보면 가장 합리적인 답을 제시해주는 기능을 갖추고 있습니다. 이 기능을 구현하기 위해 지난 70년 동안 AI 연구자들이 수많은 시도를 해왔지만, 개발은 매우 어려웠습니다. 왜냐하면 사람 하나를 만드는 것과 유사한 수준의 복잡성을 요구하기 때문입니다.

과학자들은 기존 모델을 기반으로 새로운 것을 만들어냅니다. 전 세계의 지식을 학습해서 모든 질문에 정답을 제공하는 AI를 만

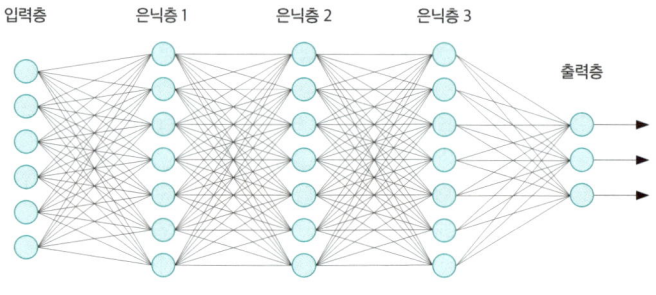

인공지능 알고리즘의 신경망 모델

들려면 인간처럼 정보를 받아들이고 처리할 수 있는 '뇌' 같은 구조가 필요하죠. 그래서 개발된 인공신경망은 인간의 뇌를 모방한 구조를 가지고 있습니다. 뇌에 대해 우리가 이해하고 있는 '수학적 원리'를 적용하여 모델링한 것입니다. 먼저 구조적 형태를 뇌와 유사하게 설계합니다. 위 그림에서 동그라미들은 뉴런이고, 모두 시냅스라는 선으로 연결되어 있습니다. 생물학적 형태를 참고해 기하학적 구조를 만들고, 이를 수학적으로 모델링하여 학습이 가능하도록 구현한 것이죠.

이 구조를 이용해서 AI를 학습시키는 데에는 여러 접근 방식이 있습니다. 먼저 문장을 수학적으로 어떻게 표현할 수 있을지를 연구합니다. 예를 들어, "I am a boy"라는 문장이 있다고 하면, 'I', 'am', 'a', 'boy'라는 각 단어에 컴퓨터가 이해할 수 있는 숫자 벡터를 부여하는 겁니다. 이 숫자 벡터가 어떻게 형성되는지, 어떤 방식으로 표현되는지 등을 다양한 관점에서 연구한 뒤, 전 세계의 문장을 AI에게 학습시킵니다. 이를 반복해서 방대한 학습이 이루어지면 우리가 설계한 수학적 모델을 점차 완성해나가게 됩니다. 수학적 모델이 완성되면, 그에 따른 거대한 데이터베이스도 자연스럽게 구축됩니다. 전 세계에서 사용되는 거의 모든 단어와 구문을 이 안에 포함시키는 것이죠. 이후 사용자가 AI에게 질문을 입력하면, AI는 지금까지 학습한 정보를 바탕으로 가장 적합하다고 판단되는 답변을 제공합니다.

이 기술을 우리는 LLM이라고 부릅니다. 이는 Large Language Model, 즉 초거대 언어 모델을 뜻합니다. 쉽게 말하면 앞에서 설명한 것처럼 '척척박사 만능 비서'를 구현하는 기술입니다. 과거에는 구현이 불가능하다고 여겨졌지만, 2017년 구글이 한 논문[*]에서 트랜스포머Transformer라는 혁신적인 신경망 구조를 발표했습니다. 이 트랜스포머 모델이 LLM에서 뛰어난 성능을 보이자, 가능성을

---

[*] Vaswani, Ashish, Noam Shazeer, Niki Parmar, Jakob Uszkoreit, Llion Jones, Aidan N. Gomez, Łukasz Kaiser, and Illia Polosukhin. "Attention Is All You Need." Advances in Neural Information Processing Systems 30 (2017).

발견한 전 세계 연구자들이 AI 프로그램 개발에 뛰어들었습니다. 대표적인 사례가 바로 오픈AI입니다.

LLM을 둘러싼 기술 경쟁이 왜 이렇게 중요한 걸까요? 그 이유는 이 기술이 거의 모든 분야의 성능을 끌어올리는 핵심 동력이기 때문입니다. LLM 기술을 먼저 확보한 기업이 차세대 플랫폼의 주인이 될 것입니다. 구글의 바드Bard, 마이크로소프트의 코파일럿, 오픈AI의 챗GPT처럼 각 회사들이 자체 LLM을 앞세워 검색, 업무 자동화, 창작 지원 등 기존 시장을 재편하고 있습니다. 더 나아가 LLM은 자율주행, 의료 진단, 금융 분석 등 전문 분야에서도 혁신을 이끌고 있어, 이 기술의 우위가 곧 미래 산업 전반의 경쟁력을 좌우하게 됩니다.

그러나 LLM이 AI의 범용성을 실현할 핵심 기술로 기대를 받고 있는 한편, 실제로는 기술 발전 속도가 예상보다 둔화되고 있다는 것이 LLM 산업 전반의 평가입니다. 2025년 8월 7일 GPT-5가 공개되었을 때 샘 올트먼Sam Altman은 초지능, 즉 인공지능이 인간의 지능을 뛰어넘는 수준에 이를 수 있다는 가능성을 언급하며 마치 초인적인 AI의 등장을 예고하는 듯한 분위기를 조성했습니다. 그러나 실제 공개 이후 드러난 모습은 기대와는 달랐습니다. 기존의 문제였던 할루시네이션hallucination** 현상이 일부 개선되었고, 보고서를 작성하는 수준이 한 단계 올라간 정도에 머물렀다는 평가가 많았습니다. 다시 말해, 인간을 위협할 만한 초지능의 조짐은 전혀 보이지 않았던 것입니다. 그럼에도 여전히 챗GPT는 AI 시장에서 압도적 점유율과 이용률을 기록하고 있습니다. 하루 약 1억 6천만 명이 사용하고, 국내 생성형 AI 유료 구독자 중 83퍼센트가 챗GPT를 이용하는 등 독점적인 위치를 갖고 있습니다. AI 시장 선도자이자 주도적인 역할을 수행하는 오픈AI는 어떤 기업일까요?

샘 올트먼, 오픈AI, 그리고 새로운 세대

오픈AI의 설립자 샘 올트먼은 미국 스타트업 출신입니다. 그는 8세부터 코딩을 시작했고, 뛰어난 실력을 인정받아 스탠퍼드대학교에 입학했습니다. 학교 재학 중에는 위치 기반 소셜 네트워킹 스타트업 루트Loopt를 창업해 약 500억 원 규모의 수익을 올립니다. 지금 올트먼의 기준으로 보면 큰 금액은 아니지만, 당시로서는 상당한 성과였습니다. 그런데 특이하게 대학교를 중도에 그만두고, 이때 번 돈으로 성장 가능성이 높은 벤처기업이나 스타트업에 투

** AI가 사실과 다르거나 틀린 정보를 '진짜인 것처럼' 만들어내는 오류.

자하는 벤처 캐피털리스트VC로 변신합니다. 그는 투자 능력도 매우 뛰어나, 실리콘밸리 최고의 스타트업 액셀러레이터인 와이 콤비네이터Y Combinator에 파트너로 합류하고 3년 뒤 CEO로 취임합니다. 우리나라로 비유하면, 28세에 삼성투자증권 사장이 된 셈입니다. 와이 콤비네이터에서 에어비앤비, 드롭박스, 레딧 등 수많은 스타트업에 초기 투자하여 29세에 포브스에서 '세계 30세 이하 최고의 스타트업·투자회사 CEO'로 선정되었습니다. 이제 금융인으로서 성공가도를 달릴 것 같았지만, 2015년 30세에 돌연 회사를 접고 "나는 오픈AI를 만들겠다"고 선언하며 인재를 모집합니다.

오픈AI가 왜 '오픈Open'인지 아시나요? AI와 관련된 모든 지식을 개방해 함께 공유하기 위해서입니다. 처음부터 비영리법인이라는 명확한 목표를 가지고 창업했으며, 총 8명이 참여했는데 중심 인물은 샘 올트먼과 당시 공동 창업자였던 일론 머스크입니다. 일론 머스크는 이후에도 다양한 혁신 프로젝트에 참여하며 이름을 올리죠.

오픈AI 창업 초기, 트랜스포머 모델은 예상보다 잘 작동했습니다. 이를 바탕으로 복잡성과 표현력을 높이기 위해 파라미터 수를 1억 개에서 15억 개, 나중에는 1750억 개까지 늘렸습니다. 뇌를 새로 만들 수 없다면 기존 뇌의 용량과 학습량을 늘려 더 똑똑하게 만드는 것과 같은 전략입니다. 이렇게 개발된 GPT-3는 공개되자

마자 큰 반향을 일으켰습니다. 사람과 비교해도 높은 성능을 보여 '챗GPT가 사람보다 더 낫다'라는 평가까지 나왔죠. 하지만 곧 문제가 발견됐습니다. 초기에는 모델이 모든 정보를 필터링 없이 학습했기 때문에 위험한 정보까지 거르지 않고 답변해버린 것입니다. 예를 들어 "슈퍼에서 구할 수 있는 재료로 폭탄 만드는 방법", "경찰에 잡히지 않고 은행 터는 방법"까지도 알려주었던 겁니다. 이에 따라 일반인 공개에는 제한이 필요했고, 샘 올트먼을 중심으로 안전성과 조절 방안이 논의되기 시작했습니다. 이러한 시행착오 속에서 오픈AI는 안전한 활용과 책임 있는 개발을 최우선 과제로 삼게 되었습니다. 대규모 언어 모델의 가능성을 처음으로 전 세계에 각인시키며 AI 산업의 흐름을 바꾼 오픈AI의 선택과 행보는 지금도 업계 전반에 큰 영향을 미치고 있습니다.

오픈AI 출신 인재들이 업계에서 특히 주목받는 위치에 있다는 점은 잘 알려진 사실입니다. 그중 현재 AI 분야에서 세계적으로 뛰어난 엔지니어이자 리더로 꼽히는 미라 무라티Mira Murati는 1988년생입니다. 알바니아 출신으로, 캐나다로 이민을 가 16세에 국제학교를 다녔고, 이후 미국 다트머스대학교에서 기계공학 학사를 취득했습니다. 졸업 후에는 항공우주 회사인 조디악 에어로스페이스Zodiac Aerospace에서 인턴으로 시작해, 2013년 테슬라에 제품 매니저로 합류하면서 AI와 관련된 첫발을 내디뎠습니다. 이후 2018년부터 오픈AI에서 근무하며 2022년에 CTO직에 올랐고, 이 시기 동안 챗GPT, 소라Sora 등 주요 AI 프로젝트를 이끌었습니다.

그리고 2024년 9월 오픈AI를 떠나 2025년 2월에 싱킹머신랩 Thinking Machines Lab, TML을 창업했습니다. 이 스타트업은 인간과 AI의 상호작용을 보다 자연스럽게 만들고, AI 시스템을 더 넓게 이해하고 사용자화할 수 있게 하려는 목표를 가지고 있습니다. TML은 기술 인재 확보에도 적극적입니다. H-1B 비자*** 기술 인력에게 연봉 45만~50만 달러의 업계 최고 수준의 대우를 제공하고 있습니다. 심지어 메타가 TML 직원들에게 총합 1억 달러 이상의 헤드헌팅을 제안했지만, 이들은 모두 "사명과 자율성을 중시한다"는 이유로 거절했다고 알려져 화제가 되기도 했습니다.

미라 무라티를 비롯하여 이 책에서 앞으로 계속 등장할 AI 산업의 핵심 인재들은 비교적 젊은 나이에 AI업계 중심부에 당당히 자리를 잡았으며, AI 분야 경력도 길지 않습니다. 이런 점에서 대한민국 청년들에게도 여전히 기회가 열려 있다는 사실이 명확해집니다. 중요한 것은 적절한 시기에 적절한 준비를 갖추고 도전하는

*** 미국 기업이 특정 전문 직군에서 외국인을 고용할 수 있도록 하는 취업 비자. 대표적인 대상 분야는 IT, 과학, 의료, 법률 등이다.

용기입니다.

챗GPT가 등장한 이후, 학생들의 학습 방식이 하늘과 땅 차이로 달라졌습니다. MIT, 스탠퍼드 등 세계 명문 공대생들도 챗GPT 없이 과제하기는 상상하기 어려워졌죠. 더군다나 코로나로 디지털 도구가 익숙해진 학생들에게 챗GPT는 쉽고 자연스러운 선택이었습니다. 전 세계적으로 AI가 의사 시험, 변호사 시험을 통과했다는 게시물이 쏟아지며 무차별적인 검증이 이루어졌고, 이를 목격한 대중과 자본은 큰 관심을 보이며 이것이 챗GPT의 발전을 가속화하는 동력이 되었습니다.

하지만 텍스트 기반의 챗GPT만으로는 한계가 있었습니다. 사용자들은 이미지, 음성, 영상까지 함께 처리할 수 있는 더 발전된 AI를 원했고, 기업들도 더 포괄적인 AI 서비스의 필요성을 절감했습니다. 이러한 요구에 부응하기 위해 AI업계는 텍스트를 넘어 다양한 형태의 데이터를 동시에 이해하고 처리할 수 있는 모델 개발에 집중하게 되었습니다.

창작 산업의 전환점: LMM 혁명이 온다

이후 등장한 개념이 바로 LMM^{Large Multimodal Model}, 즉 대형 멀티

모달 모델입니다. 텍스트 데이터 위주의 LLM에서 진화된 LMM은 텍스트뿐 아니라 이미지, 오디오 등 여러 데이터를 동시에 이해하고 처리할 수 있도록 설계된 AI 모델입니다. 단 하나의 시스템으로 텍스트 형태의 프롬프트에 맞는 이미지를 생성하거나, 음성과 영상을 해석해 통합된 응답을 제공할 수 있습니다. 이처럼 챗GPT와 LMM의 출현은 학습뿐 아니라 콘텐츠 제작, 커뮤니케이션, 비즈니스 운영까지 다양한 영역에 큰 변화를 불러일으키고 있습니다. 이러한 흐름을 명확하게 이해하면, 단순한 사용자에서 나아가 AI 비즈니스 기회를 포착하는 중심에 설 수 있습니다.

2025년 8월에 구글이 LMM 분야에서 센세이션을 일으키는 서비스를 발표합니다. 바로 나노 바나나Nano Banana입니다. 인공지능 이미지 생성 및 편집 분야에서 혁신적인 AI 모델로, 정식 명칭은 제미나이Gemini 2.5 플래시 이미지입니다. 뛰어난 편집 성능으로 주목받았으며 사진 합성, 채색, 줌인, 아웃페인팅 등 다양한 작업에서 두각을 나타냅니다. 또한 자연어 기반 편집을 지원해 예를 들어, 원본 이미지에서 자연광 조정, 배경 교체, 인물의 표정이나 포즈 변경을 자연어 명령으로 요청하면, AI가 인물의 특징과 포즈를 유지하며 정교하고 자연스럽게 편집합니다.

특히 나노 바나나는 여러 차례 편집 작업을 마친 후에도 얼굴과 캐릭터 일관성을 95퍼센트 이상 유지해 기존 AI 이미지 편집에서 발생하던 왜곡 문제를 극복했습니다. 구글 딥마인드의 최신 기술이 적용된 이 도구는 AI 이미지 편집의 패러다임을 바꾸며, 전문가용 프로그램에 견줄 만한 기능을 누구나 쉽게 활용할 수 있도록 열어놓았습니다. 실제로 공개 당시 "이 정도면 포토샵이 설 자리가 없을지도 모른다"는 충격적인 반응을 불러올 만큼 놀라운 성능을 보여주었습니다.

나노 바나나의 등장은 LMM이 단순히 텍스트와 이미지를 이해하는 수준을 넘어 창작과 편집까지 담당하는 새로운 시대의 서막을 알렸습니다. 앞으로 LMM은 교육, 의료, 엔터테인먼트, 마케팅 등 거의 모든 산업 분야에서 혁신의 중심축이 될 것으로 예상됩니다. 특히 복잡한 전문 도구 없이도 누구나 고품질의 콘텐츠를 제작할 수 있게 되면서, 창작의 민주화가 가속화될 것입니다. 이는 곧 새로운 비즈니스 기회와 일자리 창출로 이어질 뿐만 아니라, AI와 인간이 협업하는 완전히 새로운 작업 환경을 만들어갈 것으로 전망됩니다.

○ 3장 요약 ○

LLM(Large Language Model, 초거대 언어 모델)
- 정의: 무엇이든 질문하면 합리적 답변 제공
- 학습 방식: 인간 뇌를 모방한 인공신경망 구조로 전 세계 문장을 학습

챗GPT 발전 과정

모델	출시연도	파라미터 수	주요 특징	한계점
GPT-3	2020년	1750억 개	사람 수준 대화	위험정보 필터링 부족
GPT-4	2023년	~6천억 개	멀티모달 (텍스트 + 이미지)	할루시네이션 지속
GPT-5	2025년	미공개	할루시네이션 개선	기대치 대비 실망

오픈AI 생태계와 인재 유출

❶ CEO 샘 올트먼
- 8세부터 코딩, 스탠퍼드대학교 중퇴
- 성과: 28세에 와이 콤비네이터 CEO → 30세에 오픈AI 창업

❷ 핵심 인재 이탈: 미라 무라티
- 경력: 테슬라 → 오픈AI CTO → TML 창업
- 책임 프로젝트: 챗GPT, 소라 개발 리더

LMM(Large Multimodal Model, 대형 멀티모달 모델)**의 등장**
- 기능: 텍스트 + 이미지 + 오디오 통합 처리
- 진화: 단일 시스템에서 다양한 형태의 콘텐츠 생성 및 해석
- 전문 분야: 자율주행, 의료 진단, 금융 분석 등 혁신 지속

> AI 기술의 민주화가 완성되는 지금이
> 글로벌 AI 시장 진입의 골든타임이다

04
우리 일상으로 다가온 AI

챗GPT가 출시된 지 6개월째 되던 2023년 6월, 저는 학생들에게 과제를 하나 냈습니다. "AI로 1분짜리 동영상을 만들어오라"는 것이었죠. 그런데 불과 10분 만에 과제를 제출한 학생들이 상당히 많았습니다. 유튜브에 이미 AI 동영상 제작 튜토리얼이 올라와 있었던 겁니다. 만들기도 간단합니다. 먼저 챗GPT에 상황을 설명하고 그에 맞는 대사를 요청하면 1분 분량의 스크립트가 완성됩니다. 그 파일을 '브루Vrew'라는 소프트웨어에 넣으면 대사에 맞는 이미지와 영상이 자동으로 만들어집니다.

보통 회사나 공공기관에서 "우리도 1분짜리 쇼츠를 만들어 젊은 세대와 소통해보자"고 하면, 먼저 영상 제작업체를 물색하고 입찰

공고를 냅니다. 이후 끝없는 피드백과 수정을 거치면 비로소 결과물이 나옵니다. 하지만 이제는 그런 과정을 거치지 않아도 됩니다. AI 툴을 능숙하게 다루는 20대 한 명만 채용하면 끝이죠. 아침에 출근해 하루 동안 쇼츠 영상 40개쯤은 뚝딱 만들어놓고 퇴근할 겁니다.

저는 학생들의 AI 숙련도에 큰 충격을 받았고, 그때부터 책을 집필하기 시작했습니다. 동시에 대학교수로서, 19세부터 졸업하기 전까지 미래를 준비하는 학생들에게 AI를 가르치지 않는 것은 직무유기라는 확신을 갖게 되었습니다. 다만 한편으로는 제 예상이 빗나가기를 바랐습니다. 그래도 아직은 유예기간이 남아 있을 거라 기대했지요. 그러나 자본은 이미 움직이고 있었습니다. 세계 곳곳의 인재들이 AI 분야로 빨려 들어가고 있었고, 디지털 환경은 그 어느 때보다 촘촘하게 연결되어 서로에게 영향을 미치고 있었습니다. 그리고 2024년, 기존 AI 서비스들의 전문가 버전이 출시되면서 곧바로 실무 현장에 적용되기 시작했습니다.

생성에서 추론으로: AI가 진화하는 방식

이전까지 영상 콘텐츠들은 주로 AI를 소개하면서 수익을 창출하는 경우가 많았습니다. 예를 들어 새롭게 출시된 AI를 소개하고 이를 활용해서 "포스터 제작 과정을 직접 따라 해보세요" 하고 사용 방법을 알려주며 조회 수를 끌어내는 방식이었죠. 그런데 이제는 단순한 편집 보조를 넘어, 실제로 영상을 만들어주는 AI까지 등장했습니다. 대표적인 예로 오픈AI의 소라와 구글의 비오^{Veo}가 있습니다. 먼저 소라는 짧은 텍스트 프롬프트만 입력해도 영화 수준의 사실적인 영상을 생성할 수 있는 모델로, 스토리텔링과 시각적 표현을 결합한 혁신적인 도구입니다. 오픈AI가 공개한 소라의 데모 영상을 보면 앞으로 우리가 접할 영상의 미래가 어떤 모습일지 짐작할 수 있습니다. AI로도 실제 촬영한 듯한 실사 표현이 가능해진 것이죠. 사람들은 이게 어떻게 가능한지 묻지만, 원리는 비교적 명확합니다. 소라는 물리학적 원리와 세계의 패턴을 대규모 데이터로 학습해, 그에 따라 사물과 인물의 움직임을 정밀하게 계산해 보여줍니다. 그래서 펭귄이 뛰어다니면 물방울이 튀고, 표면 질감까지 생생하게 재현되는 것입니다. 덕분에 한동안은 소라를 따라잡을 AI가 없을 것이라는 전망이 많았습니다.

그런데 2024년 12월, 구글이 비오를 발표하며 판도를 흔들었습니다. 비오는 구글 딥마인드가 개발한 차세대 비디오 생성 AI로, 장면의 디테일을 정교하게 구현하고 긴 호흡의 영상도 매끄럽게 이어 붙일 수 있습니다. 특히 4K 화질을 지원하면서 실무 적용을 전제로 개발된 것이 특징입니다. 그래서 기업용 영상 제작에는 비오를, 릴스나 짧은 콘텐츠 제작에는 소라를 활용하는 사례가 늘고 있습니다. 2024년 하반기부터 영상 편집, 광고 마케팅, 홈페이지 제작, 홍보 등 다양한 영역에서 "영상 제작 AI를 실무에 어떻게 적용할 수 있을까?"를 다루는 콘텐츠가 쏟아져 나오면서, 디자인·광고·마케팅 업계 전반에 혁명적 변화가 일어났습니다. 예컨대 이제 AI만으로 애니메이션 홍보 자료를 만들 수 있습니다. 얼굴과 캐릭터, 움직임까지 전부 자동으로 생성해주기 때문입니다. 디자인과 광고 분야도 마찬가지입니다. "로고를 디자인해줘", "이런 색 조합으로 만들어줘"라고 지시하면, AI 디자인 툴이 실시간으로 완성도 높은 시안을 제시합니다. 프레젠테이션 역시 파워포인트 형식으로 자동 제작이 가능합니다.

이러한 모델들은 이미지나 영상을 '만들어내는' 생성형 AI를 넘어, 우리가 앞으로 반드시 고려해야 할 '추론형 모델'의 성격을 갖고 있습니다. 인간이 어떤 문제를 풀 때 한 번 생각해서 끝내지 않고 여러 단계를 거치며 논리적으로 접근하는 것처럼, 추론형 모델도 답을 한 번 도출한 뒤 거기서 멈추지 않고 다시 검토하고 수정합니다. 예를 들어 우리가 복잡한 수학 문제를 풀 때는 단계별로 계산 과정을 밟고, 보고서를 작성할 때는 구조를 세워서 내용을 채워나가죠. 고도의 프로그래밍 역시 구조별, 모듈별로 사고 과정을 나눠 해결하는 방식이 필요합니다. 추론형 모델은 바로 이 인간적인 사고 과정을 모방하면서, 단순 자동화가 아니라 '사고의 깊이'를 구현하는 데 초점을 맞추고 있습니다.

앞으로는 이러한 추론형 모델이 AI 시대를 지배하는 가장 강력한 무기가 될 것이라고 전망됩니다. 실제로 2024년 오픈AI가 선보인 o1 모델은 대화형 AI로, 질문에 대한 응답을 제공하는 데서 그치지 않고 사람처럼 감정을 나누는 새로운 시도를 보여줬습니다. 이는 IQ 120에 해당한다는 평가를 받으며 전문가보다 더 높은 성적을 보여준 사례가 있었습니다. 특히 수학 문제 풀이와 코딩 분야에서 놀라운 역량을 입증했죠. 당시만 해도 오픈AI를 제외하고 다른 기업에서는 이 정도 수준의 지능을 구현하기 어렵다고 여겨졌습니다. 그런데 그 예상을 중국의 딥시크가 뒤집었습니다. 딥시크에 대해서는 뒤에서 자세히 설명하겠습니다. 결국 이렇게 매순간 진화하는 도구에 얼마나 빠르게 적응하느냐에 따라 업무 효율은 최소 3배에서 많게는 10배까지 차이가 벌어질 수밖에 없습니다.

초지능보다 가까운 혁신, 버티컬 AI의 부상

한국 사용자들도 챗GPT를 비롯해 다양한 AI를 체험해보지만,

실제 실무에 적극적으로 적용하는 경우는 많지 않습니다. 그 이유는 우리의 사고방식이 AI를 도구로 활용하려는 데에 익숙하지 않기 때문입니다. 언론에서는 아직 AI는 멀었다거나, 거짓말을 자주 한다는 점을 강조합니다. 물론 사실이기는 합니다. 할루시네이션이라고 하죠. 심지어 대통령 이름을 묻는 질문조차 틀리게 답하는 경우도 있었습니다. 하지만 중요한 건 직접 부딪혀보는 경험입니다. AI가 틀릴 만한 질문을 던져보고, 실제로 잘못된 답을 들었을 때 어떤 태도를 보이느냐가 앞으로 AI 세계관을 형성하는 데 갈림길이 됩니다. 어떤 사람은 "봐라, 역시 믿을 수 없다"며 포기하고, 또 다른 사람은 질문을 수정하고 보완해 더 나은 답을 얻습니다. 이 차이를 만드는 것이 바로 마인드셋입니다.

　AI도 그대로 멈춰만 있지 않습니다. AI의 이런 오류와 한계를 보완해 실무형 보고서 작성에 최적화된 솔루션도 등장했습니다. 그중 대표적인 사례가 퍼플렉시티Perplexity입니다. 저는 이 툴을 사용해봤는지 여부가 개인의 AI 마인드셋을 확인하는 기준이 된다고 생각합니다. 이는 2024년 하반기부터 큰 반향을 일으키기 시작한 AI 기반 리서치 도구로, 기업이나 연구자의 필요에 맞춰 보고서를 작성해주는 기능으로 주목받고 있습니다. 특히 챗GPT와 달리 답변에 항상 출처를 명시하여 할루시네이션에 유의했다는 점을 보여줍니다. 해당 정보가 실제 어떤 자료에서 나왔는지 즉시 검증할 수 있으므로 보고서 품질과 정확성을 높이는 데 중요한 기반이 됩니다.

뿐만 아니라 퍼플렉시티는 딥 리서치Deep Research 모드로 사용자의 질문에 수십 건의 검색을 수행하고 수백 개의 자료를 읽은 뒤, 논리적으로 추론하여 종합적인 보고서를 자동으로 작성해줍니다. 이는 마치 전문가가 몇 시간 동안 조사한 결과물과 유사한 고품질 보고서를 단 몇 분만에 제공할 수 있는 고효율 기능입니다. 요약하자면, 퍼플렉시티는 단순한 AI 채팅 도구가 아닙니다. 투명성 높은 자료 인용, 실무 중심 보고서 자동 생성, AI 학습 기능의 결합 등으로 비즈니스와 학문 현장에서 빠르게 자리를 잡아가고 있는 실용적인 AI 도구입니다.

이에 대응하기 위해서 2025년 구글과 오픈AI도 각각 딥 리서치 서비스를 출시하며 AI 기반 리서치 시장 경쟁을 본격화했습니다. 오픈AI는 챗GPT의 딥 리서치 기능을 통해 사용자가 복잡한 주제에 대해 심층적인 연구를 수행할 수 있도록 지원하며, 검색·요약 서비스를 넘어서 본격적인 AI 연구 도구로 포지셔닝하고 있습니다. 구글의 제미나이는 구독 없이 무료로 사용할 수 있다는 장점을 가지고 있습니다. 또한 리서치 준비와 진행 과정을 단계별로 명확하게 표시해줌으로써 할루시네이션을 줄이는 데 실질적인 진전을 이루었으며, 보다 신뢰성 있고 정확한 정보 제공에 크게 기여하고 있습니다.

앞에서 소개한 서비스들처럼 거대한 규모의 프로그램을 만들고 초지능이나 AGI 같은 기술 개발 수준에 도달하기까지는 막대한 시간과 자본이 필요합니다. 이런 점에서 우선적으로 생존을 위해 전문화된 AI 개발이 더 중요하다는 인식이 확산되고 있습니다. 이를 '버티컬 AI'라고 부르는데, 앞으로는 이러한 버티컬 AI가 기업의 생사를 좌우할 핵심 트렌드가 될 것이라는 전망이 힘을 얻고 있습니다. 법률, 의료, 교육, 제조, 물리적 작업 등 특정 분야에 특화된 AI를 만들어 실제 시장에서 주목받을 만큼 뛰어난 성능을 확보하고, 이를 빠르게 보급하는 것이 무엇보다 중요해졌습니다. 지금까지는 빅테크 기업들이 LLM의 성능 경쟁에 집중하여 언젠가 초지능이 완성되면 모든 분야를 장악할 수 있을 것이라는 기대 속에 움직였다면, 이제는 그것이 먼 미래의 이야기라는 점을 인식하고 당장 시장에서 확산성과 매출을 창출할 수 있는 버티컬 AI 개발에 역량을 집중하는 흐름이 뚜렷해졌습니다.

심지어 챗GPT의 딥 리서치 기능은 금융, 정책, 사회, 엔지니어링 등 분야별 전문가 수준의 분석과 보고서를 제공하는 프리미엄 AI 서비스를 월 구독료 약 200달러에 제공하기 시작했습니다. 이로 인해 금융회사나 로펌 등에서는 근무 경력 5년 이하의 아이비

리그 출신 박사급 리서치 어시스턴트가 대거 해고되는 사례도 발생했습니다. 실제로 사람과 AI에게 동시에 회사 분석이나 사고 케이스 분석을 지시했을 때, AI가 더 빠르고 검증된 결과를 내놓았기 때문입니다.

이러한 일자리들은 고액 연봉의 고급 직군이라는 점에서 취업 시장의 근간을 변화시켰습니다. 미국에서는 이미 많은 일자리가 AI로 대체되고 있으며, 새로운 형태의 경영 방식과 조직 구조가 등장하고 있습니다. 이를 '압축 경영'이라고 부르는데, 신입사원의 비율은 현저히 줄어든 반면, 고급 지식과 경험을 갖춘 중견급 전문가들이 AI를 마치 신입직원처럼 활용하여 과거 대비 10배에 달하는 업무 성과를 내는 현상이 나타나고 있습니다. 리서치 분야에서 이러한 변화가 활성화된다면, 앞으로 거의 모든 기업이 유사한 시스템을 도입하고 활용할 가능성이 높다는 점에서 우리가 깊이 추적하고 연구해야 할 중요한 분야입니다.

우리가 모르고 있을 뿐, 이미 업무 효율을 높여줄 수 있는 AI 도구들이 분야별로 속속 등장하고 있습니다. 예를 들어, 클로드와 같은 모델은 PDF 요약을 탁월하게 처리해주며, 이외에도 AI 리서치 및 보고서 도구들은 빠르게 발전하여 새로운 업무 혁신을 만들어 냅니다. AI의 활용은 단순한 기술 도입을 넘어, 기업과 사회의 마인드셋을 근본적으로 변화시키는 원동력입니다. AI를 직접 사용해본 사람들은 이를 긍정적으로 아니, 필연적으로 받아들이는 반면, 사용해보지 않은 사람들은 여전히 "아직 멀었다"는 생각에 안주하는 경우가 많습니다. 이러한 태도 차이는 변화의 속도와 방향을 결정짓는 중요한 요소입니다. 특히 리더라면 이러한 변화의 시대에 단순한 투자를 넘어, 혁신을 따라가는 자세가 필요합니다.

A2A와 RAG의 등장

버티컬 AI가 핵심 개발 분야로 지각 변동을 일으키면서 핵심 화두로 떠오른 것이 AI 간 연결 서비스입니다. 그 선두에 MCP Model Context Protocol가 있습니다. 이는 LLM이 학습 데이터의 한계를 넘어 외부의 실시간 데이터, 업무 도구, 소프트웨어와 원활하게 연동하도록 돕는 기술입니다. MCP를 통해 복합적인 작업을 수행할 수 있으며, 실무에 적용하면 업무 효율을 대폭 높일 수 있습니다. 기존에 AI는 외부 정보와 제대로 연결되지 못하는 '정보 고립' 문제가 있었으나 MCP는 표준 프로토콜을 제공함으로써 이 문제를 해결합니다. 2024년 앤트로픽이 오픈소스로 공개한 이후, MCP가 업계 표준으로 빠르게 자리 잡고 있습니다.

MCP의 활용 사례를 살펴보겠습니다. 일반 업무 중 가장 부담스러운 작업 중 하나가 보고서 작성입니다. AI를 활용하면 쉽다고 하지만, 효과적인 프롬프트를 작성하는 것부터 만만치 않습니다. 이때 마스카라 AI^{Maskara.ai}가 유용합니다. 마스카라는 대화를 통해 사용자의 의도를 파악하고, 전문적인 보고서를 도출할 수 있는 최적의 프롬프트를 생성해줍니다. 완성된 프롬프트를 제미나이나 퍼플렉시티에 입력하면 보고서가 작성되는데, 여기에는 보통 20개 이상의 참고 문헌이 인용됩니다. 보고서의 신뢰도를 검증하려면 참고 문헌들도 숙지해야겠죠. 이때 구글의 노트북 LM^{NotebookLM}을 활용하면 참고 문헌을 손쉽게 요약할 수 있습니다. 링크만 입력하면 해당 내용을 즉시 정리해 제공합니다.

MCP의 진가는 바로 여기서 발휘됩니다. 앞에서 설명한 3가지 AI 서비스에 일일이 접속할 필요 없이, 데스크톱에 '보고서 작성 MCP'를 구축하면 각 서비스가 순차적으로 자동 실행되며 통합 워크플로우가 완성됩니다. 사용자 편의성이 탁월하기 때문에 앤트로픽뿐 아니라 오픈AI도 MCP 개발에 적극 참여하고 있습니다.

MCP를 보다 자동화하고 확장한 모델이 A2A^{Agent-to-Agent}입니다. MCP는 사용자가 각 서비스를 수동으로 호출하는 방식이지만, A2A는 AI 에이전트들이 자동으로 협업하여 사용자가 원하는 결과물을 생성합니다. A2A에서는 여러 AI 에이전트가 네트워크 형태로 연결되어 메시지를 교환하고 복잡한 작업을 분할해 처리합니다. 필요시 에이전트들이 능동적으로 소통하며 역할을 배분하거나 정보를 요청합니다. 2025년 4월 구글은 A2A 서비스 활성화를 위한 표준 프로토콜을 제안하며 생태계 확장에 나섰습니다.

구체적인 활용 예시를 보겠습니다. 제미나이에게 "서울로 2박 3일 여행 계획을 세워줘"라고 요청하면 상세한 스케줄이 출력됩니다. "전부 마음에 들어. 티켓팅도 부탁해"라고 하면 각 사이트의 AI 에이전트와 연계해 결제까지 이루어집니다. 마지막으로 "여행 가이드처럼 이번 여행 일정에 대해 3분 프레젠테이션해줘"라고 하면, PT 제작 AI 에이전트가 여행 내용을 정리하고 영상 제작 AI가 이를 영상으로 구현합니다. 이러한 AI 에이전트 서비스가 빠르게 확산하고 있으며, 미국 스타트업 젠스파크Genspark가 대표적입니다. 구글은 A2A 생태계의 중심이 되기 위해 투자를 확대한다고 밝혔으며, 이로 인해 AI 시대의 핵심 기업으로 성장할 것이라는 평가를 받고 있습니다. 주식 가격도 크게 올라 투자 여력을 충분히 확보한 상태입니다.

기업들이 주목하는 또 다른 서비스는 RAG Retrieval-Augmented Generation입니다. 이는 외부 데이터베이스나 자료에서 정보를 검색Retrieval하고, 이를 바탕으로 정확한 답변을 생성Generation하는 AI 기술 프레임워크입니다. 기존 LLM은 학습 시점의 데이터에만 의존해 최신 정보나 특정 조직의 내부 문서가 필요할 때 한계가 있었습니다. 그러나 RAG는 질문에 맞는 최신 문서, 데이터베이스, 내부 자료에서 관련 데이터를 실시간으로 검색한 뒤, 이를 LLM 입력 컨텍스트로 활용해 답변을 생성합니다. 예를 들어 "지금 구글 파이낸스에서 삼성전자 주가를 검색해서 투자 조언을 해줘"라고 입력하면, AI가 실시간 데이터 조회를 기반으로 답변을 생성합니다. 초기 AI의 한계였던 '학습 데이터에만 의존하는 문제'를 해결한 것입니다.

특히 RAG는 사내 전문 데이터를 적극 활용할 수 있다는 점에서 주목받고 있습니다. 일반 AI와 달리 먼저 사내에 축적된 전문 자료를 검색하고, 이를 바탕으로 외부 LLM과 연계해 답변을 생성하므로 정확도와 전문성이 크게 향상됩니다. 사내 데이터를 변환하는 다소 전문적인 과정이 필요하지만, 비교적 간단한 작업만으로 데이터 유출 없이 전문화된 서비스를 제공할 수 있습니다. "우리 회사 데이터를 AI 개발에 어떻게 활용할까?"라는 기업들의 단골 질문에 RAG가 명쾌한 해답을 제시해줍니다. 별도의 대규모 AI 개발 프로젝트 없이도 회사 데이터를 모두 활용한 전문 챗봇, 사내 보고서 요약, 비즈니스 데이터 분석 등 다양한 서비스 구축이 가능해졌습니다. 보안 문제 없이 말입니다.

MCP, A2A, RAG의 성장은 기업 수요에 부응하는 AI 스타트업과 빅테크의 노력을 보여줍니다. 앞으로도 많은 AI 기업이 등장해서 서로 경쟁을 계속하겠지만, 결국 고객의 선택을 받은 기업만이 살아남을 것입니다. 현재는 막대한 투자 자본이 버티고 있지만, 실적으로 증명해야 할 순간이 반드시 옵니다. 2000년 닷컴 버블 붕괴처럼 말입니다. 2025년 이후 AI 기업들은 서비스의 실무 적용 가능성을 높이기 위해 총력을 기울이고 있으며, 그만큼 발전 속도도 빠릅니다. 이는 우리에게 기회입니다. 개인도 기업도 지금이 AI를 학습하고 도입할 적기입니다. 적은 투자로 큰 효과를 거둘 수 있는 방안을 찾아 신속히 움직여야 합니다. 이 과정에서의 학습과 경험이 당신의 세계관을 크게 확장할 것입니다.

AI 배워보기

AI는 어떻게 시작하면 좋을까요? 먼저 챗GPT, 제미나이, 퍼플렉시티 같은 범용 AI 서비스를 적극 활용해보길 권장합니다. 우리나라가 미국에 이어 세계에서 두 번째로 많은 챗GPT 유료 가입자를 보유하고 있다는 사실은 반가운 소식입니다. 교육과 자기계발에 진심인 대한민국의 모습을 AI에서도 확인할 수 있습니다. 지속적으로 사용하다 보면 AI의 가능성과 한계를 체감하게 됩니다. 범용 AI 서비스 3가지를 모두 경험해보면 각각의 특징을 파악할 수 있습니다. 막연한 질문보다는 명확한 목표를 갖고 질문하는 것이 효과적입니다. 좋아하는 분야를 깊이 학습하거나 주식 투자 같은 구체적인 목표를 두고 활용하는 방식도 좋습니다. 그렇게 LLM과 친숙해지는 것이 먼저입니다.

다음 단계는 LMM입니다. 멀티미디어 콘텐츠를 직접 제작해보세요. 저는 학생들에게 원하는 주제를 정해 1분짜리 쇼츠를 만들어보도록 합니다. 이를 위해 다양한 LMM 서비스를 소개하는데, 여러분도 따라 해보시기 바랍니다. 먼저 영상에 들어갈 음성을 제작합니다. 제 수업에서는 일레븐랩스ElevenLabs를 활용합니다. 자신의 목소리를 2~3분간 들려주면 학습을 통해 어떤 대사든 자연스럽게 생성해냅니다. 다음으로 대본이 필요합니다. 1분 쇼츠에 적합한 대본은 챗GPT나 제미나이가 작성해줄 수 있습니다. 여러 차례 수정을 거치는 과정에서 각자의 특징이 더해질수록 개성 있는 대본이 완성됩니다. 이제 음성과 대본이 준비되었으면 영상을 편집합니다. 저는 매직라이트Magiclight와 브루를 추천합니다. 배우기 쉽고 무료라서 입문자에게 적합한 툴입니다. BGM을 추가하고 싶다면 수노SUNO가 있습니다. 장르별로 뛰어난 음악을 빠르게 만들어줍니다. 이 정도만 익히면 하루에 쇼츠를 3개는 제작해 유튜브에 업로드하는 크리에이터에 도전할 수 있습니다. 1인 경제 활동

이 가능한 시대를 직접 경험하게 됩니다.

이외에도 수업에서는 다양한 서비스를 이용합니다. 홈페이지를 만들어주는 버셀Vercel의 v0, 유튜브 영상이나 문서 요약에 강한 구글의 노트북LM, 영상·BGM·이미지·생성에 특화된 솔트룩스Saltlux의 젠웨이브GenWave, 다양한 언어 모델을 활용하는 구버Goover 등 실용적인 솔루션들이 많습니다. 학생들은 새로운 기술에 빠르게 적응합니다. 중장년층도 마찬가지입니다. 과거와 달리 소프트웨어가 매우 간단해졌기 때문입니다. AI 서비스는 대부분 프롬프팅 기반이므로, 전문적인 IT 지식 없이도 질문만으로 활용할 수 있습니다.

2025년 하반기부터 구글이 눈에 띄게 특별한 서비스를 선보이고 있습니다. 앞에서도 소개한 나노 바나나가 그중 하나입니다. 내 사진을 업로드하고 "스티브 잡스와 토론하는 장면을 만들어줘"라고 입력하면 순식간에 연출됩니다. 예를 들어 광고 모델이 제품을 소개하는 모습을 한번 촬영해두면, 제품 사진만 바꿔서 다른 제품 광고를 이질감 없이 완벽하게 만들어낼 수 있습니다. SNS 기반 신속한 마케팅이 필수인 시대에 최적화된 광고 솔루션입니다. 여기에 RAG를 구축해 사내 데이터베이스를 연결하면, 모델이 모든 상품을 자연스럽게 소개하는 콘텐츠를 무한 생성할 수 있습니다. 마

	인공지능	생성형 AI	데이터 시각화
기초	AI & 데이터 리터러시	생성형 AI 리터러시와 실전 활용	파워BI를 활용한 데이터 시각화 기초
응용	머신러닝 기반 컴퓨터 비전/자연어 처리 과정	생성형 AI를 활용한 업무 자동화 생성형 AI를 활용한 보고서/기획안/사업계획서 작성 과정	파워BI를 활용한 인터랙티브 대시보드와 스토리텔링
심화	고급 머신러닝: 모델 최적화 및 배포	생성형 AI를 활용한 RAG 에이전트 개발	파워BI를 활용한 엔드투엔드 비즈니스 인텔리전스 프로젝트

RAG AI 서비스 구축 교육 과정

케팅 혁명의 현실화이며, 실제로 도입한 기업이 크게 증가하고 있습니다. 우리가 상상해온 모든 것들이 빠르게 실용화되고 있습니다.

최근 대학이나 교육기관에서 기업들에게 관심이 높은 RAG AI 서비스 구축 과정도 실무자 교육으로 제공하고 있습니다. AI 응용 심화 과정으로, 학생뿐 아니라 재직자 모두에게 활용됩니다. 단기 교육이지만 필수적인 이론적 배경도 다룹니다. 위 그림은 제가 성균관대학교에서 재직자를 대상으로 운영하고 있는 기본 교육 과정 사례입니다. 최근 제공되는 AI 교육 과정은 실무 사용 목적에 따라 아주 다양하며, 저희 대학도 마케팅, 엔지니어링, IT 담당자, 브랜딩 등 다양한 분야의 실무 교육 과정을 진행하고 있습니다. 앞으로 더 많은 교육기관들이 참여하게 될 것입니다. 중요한 것은 배우려는 강력한 의지입니다. 그림에서 제공하는 교육 과정은 사내 데이터를 활용한 RAG 시스템 구축 실습과 MS의 파워BI PowerBI를 통한 시각화까지 경험할 수 있는, 많은 스타트업이 원하는 실시간 경영 현황 모니터링을 제공하는 프로그램입니다.

RAG AI를 구축하면 기밀 유출 걱정 없이 특화된 AI 서비스를 적극 활용할 수 있습니다. AI 도입 초기부터 막대한 자본을 투입해 대규모로 진행하는 것은 리스크가 큽니다. 도입한 서비스가 빠르게 구식이 될 가능성도 높기 때문입니다. 따라서 구성원 역량 강화가 우선입니다. 부서에서 RAG가 가장 필요한 영역을 선정하고 소규모 프로젝트부터 시작해야 합니다. 시각화 모델 등 다양한 결과물을 검증하고 피드백하는 과정이 선행되어 구성원의 AI 활용 능력이 향상되면 대규모 AI 구축 비용도 크게 절감할 수 있습니다.

AI는 전 세계의 주요 관심사입니다. 적극적인 구성원들은 길이 있다면 깊이 학습하고 싶어 하는 분야입니다. 그 기회를 제공하는 것도 조직이 발전하는 데에 더없이 중요합니다. 예정된 미래를 준비하는 것은 누구나 원하는 일이며, 제가 학생들에게 AI를 가르치는 가장 큰 이유이기도 합니다.

○ **4장 요약** ○

AI 도구의 실무 혁명

기존 방식	AI 방식	결과
제작업체 입찰 → 피드백 → 수정	챗GPT + AI 툴	1천 배 시간 단축
수백만 원 예산	20대 직원 1명	비용 혁명
몇 주 소요	하루 40개 제작	생산성 폭증

영상 AI 시장 판도 변화
- 오픈AI 소라: 영화 수준 사실적 영상, 물리학 원리 기반 정밀 계산
- 구글 비오: 4K 화질, 긴 호흡 영상, 기업용 최적화

생성형 AI → 추론형 AI 진화
- 특징: 인간적 사고 모방, 단계별 논리적 접근, IQ 120 수준, 전문가보다 높은 성적
- 업무 효율 격차: 3~10배 효율 차이 발생
- 딥 리서치 혁명: 퍼플렉시티, 제미나이, 챗GPT 등 경쟁 본격화

버티컬 AI로의 전략 전환
- 이유: 초지능 개발에 막대한 시간·자본 소요
- 전략: 법률, 의료, 교육 등 특화 AI로 즉시 매출 창출

압축 경영의 등장
- 중견 전문가: 신입직원 대신 AI를 활용하여 10배 성과
- 경영 방식: 소수 정예 + AI 협업 시스템

> 고급 전문직까지 AI로 대체되는 압축 경영의 등장으로
> AI 사용 경험이 개인과 조직의 생존을 가르게 되었다

05
팔란티어가 온다

이러한 변화의 중심에는 팔란티어 테크놀로지스가 있습니다. 이 기업은 2024년 하반기부터 주목을 받기 시작합니다. 인터넷 시대에 구글이 있었다면, 오늘날 AI 시대에는 팔란티어가 그만큼 중요한 역할을 하고 있다는 평가를 받고 있습니다. 팔란티어는 2003년 피터 틸Peter Thiel, 알렉스 카프Alex Karp, 조 론스데일Joe Lonsdale, 스티븐 코헨Stephen Cohen에 의해 설립된 미국의 데이터 분석 전문 기업으로, 미국 정보기관들이 수집한 방대한 데이터를 분석해 9·11 테러의 주범 오사마 빈 라덴의 위치를 찾아내는 데 큰 역할을 했습니다. 그런 실적을 바탕으로 미국 국방부, CIA 등 여러 정부 기관과 핵심 프로젝트들을 계속 수행해왔습니다.

팔란티어의 대표적인 플랫폼인 고담은 전 세계적으로 위성 이미지, GPS, CCTV 등 동원 가능한 모든 데이터를 기반으로 실질적인 대테러 방제 전략, 전쟁 등을 수행할 수 있는 소프트웨어로, 최근 우크라이나와의 협력을 통해 주목받았습니다. 우크라이나는 고담 플랫폼을 활용하여 드론 공격 성공률을 50퍼센트에서 80퍼센트로 높였으며, 이는 전쟁의 양상을 장기전으로 전환시키는 데 큰 역할을 했습니다.

이러한 팔란티어의 기술력은 데이터 분석을 기반으로 현대 전쟁의 양상과 기업의 경영 방식을 혁신적으로 변화시키고 있습니다. 따라서 AI와 데이터 분석 기술의 발전은 단순한 기술적 변화에 그치지 않고, 우리의 사고방식과 조직 문화까지 재편성하는 중요한 요소로 작용하고 있습니다.

팔란티어는 전통적인 국방 분야를 넘어, 최근에는 AI를 활용하여 새로운 비즈니스 영역을 창출하고 있습니다. 특히 주목할 만한 변화는 'AI 에이전트'를 중심으로 한 전략적 확장입니다. 기존의 챗GPT와 같은 LLM은 사용자의 요청에 반응하여 정보를 제공하는 데 초점을 맞춥니다. 반면 AI 에이전트는 스스로 목표를 설정하고, 다양한 도구를 활용하여 복잡한 작업을 독립적으로 수행하는 능력을 갖추고 있습니다. 이러한 에이전트는 목표 지향적이며, 상황에 따라 판단하고 행동할 수 있습니다. 팔란티어의 AI 에이전트 전략은 업무 지원 역할을 넘어, 기업의 디지털 전환을 가속화하고 핵심 업무를 수행하는 핵심 인프라로 자리매김하고 있습니다. 앞으로도 팔란티어는 AI 에이전트를 중심으로 다양한 산업 분야로의 확장을 지속할 것으로 예상됩니다.

AI 에이전트가 바꾸는 산업 지도

이 기술을 병원에 적용한 사례가 있습니다. 마운트 시나이 병원은 미국 뉴욕에 위치한 연간 약 500만 명의 환자를 진료하는 초대형 병원으로, AI 기술을 적극적으로 도입하여 의료 서비스의 효율성과 품질을 향상시켰습니다. 그중 하나가 보험 청구 및 행정 업무의 자동화입니다.

마운트 시나이 병원은 지난 20년간의 방대한 데이터를 활용하여, AI가 진료 항목의 과잉 여부를 스스로 판단할 수 있는 프로그램을 도입했습니다. 보험사로부터 '과잉 진료로 인한 지불 거부' 통보를 받으면, 해당 항목을 확인한 후 AI 프로그램을 통해 과잉 진료 여부를 판단합니다. 그 결과에 따라 반박이 필요하다고 판단되면, LLM을 활용하여 보험사에 반박 메일을 자동으로 작성하는 절차를 마련했습니다. 이러한 AI 기반 시스템 도입으로 기존의 보험 청구 부서를 AI 프로그램과 에이전트로 전면 대체하여, 연간 약 1천만 달러의 인건비를 절감할 수 있었습니다.

예상치 못한 부수적인 효과도 나타났습니다. 의사들은 처방을 내리기 전에 AI에게 '내가 하려는 처치가 과잉 진료인지' 확인하는 일이 빈번해졌습니다. 일반적으로 병원에서는 과잉 진료로 인해 경영진과 의사 간에 갈등이 발생할 수 있습니다. 경영진은 과잉 진료로 인한 손실을 우려하고, 의사들은 자신의 판단이 과잉 진료에 해당하지 않는다고 생각하기 때문입니다. 그러나 AI는 미국 전체 의사들의 평균 처방 데이터를 근거로 객관적인 판단을 제공하므로, 의사들도 신뢰하며 참고하게 되었습니다. 이러한 과정은 병원의 경영 성과 개선에도 긍정적인 영향을 미쳤습니다.

마운트 시나이 병원은 AI 에이전트가 의료 분야에서 어떻게 효율성을 높이고, 의사와 경영진 간의 갈등을 해소하며, 전반적인 경영 성과를 향상시킬 수 있는지를 보여주는 대표적인 예시입니다.

금융업에서 AI 에이전트를 적용하면 어떤 변화가 일어날까요? 수백에서 수천 명의 텔레마케터가 금융 상품을 판매하는 과정에서는 CEO나 경영진의 판매 철학과 지침이 반영됩니다. 예를 들어 '법의 범위 내에서 최대한 공격적으로 영업하라'거나, '고객의 원금 보장이 가장 중요하니 위험도가 높은 펀드는 고객에게 충분히 설명하라'와 같은 교육이 이루어집니다. 하지만 실제로 1천 명의 고객 상담이 모두 경영진의 의도와 일치할 가능성은 거의 없습니다.

그런데 AI 에이전트를 도입하면 상황이 달라집니다. LLM의 톤과 전략을 조정하면 마케팅 전략, 컴플라이언스 등 경영진의 메시지와 방향성을 모든 상담에 일관되게 반영할 수 있습니다. 이로써 기존 인력 관리에서 발생하는 불일치나 비효율이 근본적으로 해결됩니다. AI 에이전트의 핵심 강점은 LLM 설정만 바꾸면 수천 개의 상담봇이 CEO나 회사 전략에 맞춤형으로 대응할 수 있다는 점입니다. 법적 한도 내에서 공격적 전략이 요구될 경우, AI는 "이 상품은 안전하고 수익성이 높다"와 같은 메시지를 빠르고 일관되게 전달할 수 있습니다.

또한 고객 입장에서도 같은 효과가 나타납니다. 예를 들어, 젊은 세대의 경우 텔레마케터에게 '100만 원으로도 투자가 가능한가요?'와 같은 질문을 하기 부담스러울 수 있지만, AI 상담에는 거리낌이 없습니다. 이는 젊은 디지털 세대를 공략하는 기업에게 큰 장점으로 작용할 수 있으며, 미래 금융 서비스에서 AI 에이전트의 적극적인 활용은 필수적인 전략이 될 가능성이 높습니다.

AI가 어디까지 확장될 수 있는지는 경험을 통해서만 알 수 있습니다. AI 모델의 '지능'을 IQ 점수로 평가하기도 하는데, 최근에는 IQ 120~130 수준의 모델이 등장했습니다. 구글의 제미나이가 2025년 3월 최고 점수를 기록했으며, 이후 7월 10일에는 일론 머스크의 xAI에서 출시된 그록 4가 이를 갱신했습니다. 이러한 초거대 AI 경쟁 시대를 AGI_{Artificial General Intelligence, 인공 일반 지능}라고 부르며, 인간 지성을 대체하고 세상의 방대한 지식과 문제를 스스로 학습, 해결할 수 있는 차세대 AI를 의미합니다. 그렇다면 이렇게 AI 핵심분야를 추적하며 학습할 때 부수적인 효과는 무엇일까요? 팔란티어의 주가는 2024년 초 24달러에서 2025년 10월 기준 185달러에 육박하며 급성장했습니다. 그래서 주식투자 전문가들 사이에서 가장 이슈가 되었던 기업이 바로 팔란티어입니다. PER이 이미 600 수준으로 과대평가 논란도 있지만, 이렇게 빠르게 성장하는 기업을 발견하고 이해하는 것 자체가 AI를 공부하는 또 하나의 재미이자 의미입니다.

이처럼 AI가 어디까지 활용 가능한지 아는 것은 매우 중요합니다. 실질적인 사업 혁신 사례가 바로 팔란티어를 공부해야 하는 이유입니다. 팔란티어는 다양한 산업에서 프로젝트를 시도하며, 극비를 제외한 기술은 대부분 공개하고 있습니다. 또한 많은 유튜버들이 이 회사의 프로젝트를 소개하며 관심을 집중시키고 있습니다. 우리나라의 HD현대, 포스코, 삼성전자 반도체 사업부 등과도 활발히 AI 프로젝트를 진행하고 있어, AI 에이전트를 우리 회사에 도입할 가능성을 고민하는 사람이라면 팔란티어에 대해 공부하는 것이 필수적입니다.

물론 오픈AI처럼 챗GPT를 만든 기업도 위기설이 도는 상황에서, 팔란티어가 반드시 영웅이 될지는 아무도 장담할 수 없습니다. 닷컴 버블 당시에도 유망하던 인터넷 기업의 80퍼센트가 파산했듯, AI 버블 역시 실적이 뒷받침되지 않으면 언제든 붕괴할 수 있습니다. 어떤 기업이 살아남을지는 알 수 없기 때문에, 계속해서 AI 트렌드의 귀추를 주목해야 합니다.

혁명기에 가장 중요한 것은 거대한 변화를 추격하며 학습하는 일입니다. 단순히 '너무 빠르다'라고 한탄하기보다 매일 시간을 내어 학습하다 보면 큰 흐름이 보이기 시작합니다. 지금은 AI를 공부하는 습관이 중요합니다.

○ **5장 요약** ○

팔란티어: AI 시대의 구글
- 창립자: 피터 틸, 알렉스 카프 등 4명
- 핵심 실적: '고담' 플랫폼으로 우크라이나-러시아 전쟁 양상 전환

LLM vs. AI 에이전트

구분	LLM(챗GPT 등)	AI 에이전트	차이점
역할	사용자 요청에 반응	스스로 목표 설정	자율성
작업	정보 제공 중심	복잡한 작업 독립 수행	실행력
판단	단순 응답	상황별 판단·행동	지능성

▸ AI 에이전트는 "생각하고 행동하는 AI" – 자율적 업무 파트너로 진화

실제 활용 사례 ❶: 마운트 시나이 병원
- 활용: 20년간 누적된 데이터를 바탕으로 과잉진료 판단
- 효과: 연간 1천만 달러 인건비 절약
- 혁신 포인트: 단순 업무 자동화를 넘어 조직 문화까지 변화

실제 활용 사례 ❷: 금융업 텔레마케팅 혁신
- 활용: LLM 설정 조정으로 모든 상담을 CEO 전략에 맞춤 대응
- 혁신 포인트: 경영진의 의도를 100% 관철하는 완벽한 실행력

AI 에이전트 시대의 도래
- 실적 없이는 언제든지 붕괴될 수 있는 상황
- LLM → 실용성 있는 AI 에이전트로 패러다임 전환

> ❝ AI 에이전트는 더 이상 미래 기술이 아닌
> 현재 도입해야 할 필수 경쟁력이다 ❞

06
세계 기준을 바꾸는 AI

AI 분야의 선구자인 제프리 힌턴^{Geoffrey Hinton} 교수와 데미스 허사비스^{Demis Hassabis} 박사는 2024년 노벨상을 수상하며 AI 혁명의 중심에 섰습니다. 이들의 연구는 AI 기술의 발전뿐만 아니라, 산업 전반에 걸친 혁신을 이끌고 있습니다. 제프리 힌턴 교수는 노벨 물리학상을 수상하며 AI 연구의 기초를 마련한 공로를 인정받았습니다. 그의 연구는 인공신경망의 발전에 중대한 영향을 미쳤으며, 'AI의 아버지'로 불리고 있습니다.

노벨 화학상은 데미스 허사비스 박사에게 돌아갔습니다. 그는 알파고를 개발한 인물로도 유명합니다. 영국에서 천재 소년으로 알려진 그는 9세 때 전 세계 체스 선수권 대회에서 준우승을 하며 어린 나이에 뛰어난 재능을 입증했습니다. 이후 게임 개발에 몰두하여 케임브리지대학교 컴퓨터사이언스학과에 진학했습니다. 이후 뇌신경과학에 관심을 갖고 학업을 이어갔으며, 런던대학교에서 박사 학위를 취득한 후 2010년 딥마인드라는 AI 회사를 창립했습니다. 여기서 2020년 발표한 AI 모델 '알파폴드 2 AlphaFold 2'를 통해 약 2억 개의 단백질 3차원 구조를 예측해 생명과학 연구 및 신약 개발에 혁신적 전환점을 마련했습니다. 이러한 혁신적 인공지능 응용 성과와 생화학 문제 해결 공로가 데미스 허사비스에게 노벨 화학상을 안겨주었습니다.

물론 뇌신경과학자가 노벨 물리학상을, 알파고 개발자가 노벨 화학상을 받은 것은 일반적인 예상과는 다릅니다. 하지만 허사비스 박사가 이룬 성과는 실로 혁신적입니다. 신약 개발에서는 후보 물질을 선별하는 과정만 해도 보통 10년 이상 걸리는 어려운 작업입니다. 그러나 그는 다른 화학자들과 협력하여 AI를 도입함으로써 이 과정을 단 1년으로 단축시키는 데 성공했습니다. 화학이나 물리 전공 학자들에게는 다소 황당하게 느껴질 수도 있습니다. 그런데 노벨상 위원회가 이러한 선택을 한 이유는 분명합니다. 그들 역시 'AI 혁명의 시대가 시작됐다'는 사실을 역사에 기록하고 싶었던 것입니다.

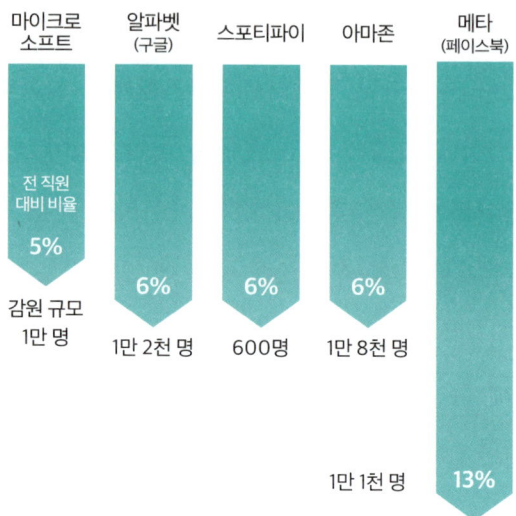

대규모 감원에 나선 주요 빅테크 기업들

　미국에서는 이미 AI와 자동화 영향으로 약 3만 명이 해고되었고, 그중 절반가량은 개발자와 박사급 고급 인재들입니다. 금융권에서는 고난도 데이터 분석과 리스크 관리 업무가 AI로 빠르게 대체되고 있고, 법률업계 역시 AI 기반 문서 분석 시스템 활용으로 신입 법률 보조원 수요가 감소하고 있습니다. 특히 프로그래머 일자리는 지난 2년간 약 27.5퍼센트 급감해 1980년대 수준으로 떨어졌습니다. 할리우드 작가들은 AI의 급격한 발전과 그로 인한 일자리 위협에 대한 반발로 2023년과 2025년 두 차례 대규모 파업을 벌였습니다. 작가들은 AI가 자신들의 창작물을 학습하여 스크립트를 작성하거나, AI가 대체 가능한 작업을 통해 고용을 위협하는 상황을 우려하여 AI의 사용 제한과 AI가 생성한 콘텐츠에 대한 공정한 보상을 요구했습니다.

이러한 변화는 AI가 인간의 창작 활동에 미치는 영향에 대한 사회적 논의의 시작을 의미합니다. AI의 발전이 가져올 부작용에 대한 우려와 함께, 이를 어떻게 규제하고 활용할 것인지에 대한 논의는 앞으로도 계속될 것입니다. AI 기술의 발전과 그로 인한 산업 구조의 변화는 국내 산업에도 영향을 미칠 수 있습니다. 따라서 AI 기술의 발전에 따른 사회적, 경제적 영향을 면밀히 살펴보고, 이에 대한 대응 전략을 마련하는 것이 중요합니다.

AI 선생님과 교육 혁명: 관성을 넘어 맞춤형 학습으로

그렇다면 AI는 앞으로 어느 분야에서 가장 큰 변화를 만들어낼까요? 제프리 힌턴 교수가 2024년 노벨상을 수상한 뒤 가진 인터뷰에서 강조한 대목은 바로 교육이었습니다. 그는 AI가 교육 분야를 가장 먼저, 그리고 근본적으로 바꿔놓을 것이라고 말했습니다. 사실 당연한 이야기입니다. 우리의 어린 시절을 떠올려보면 금세 이해할 수 있습니다. 우리는 모르는 문제가 있으면 학교에서 선생님에게 묻거나, 사교육을 통해 과외를 받곤 했습니다. 운이 좋으면 나의 수준을 정확히 이해하고 그에 맞게 이끌어주는 선생님을 만날 수 있었지만, 그렇지 않으면 공부가 점점 힘들어지고 흥미마저 잃게 되었습니다. 지금도 대부분의 학교에서는 학생 개개인의 수준을 세세하게 맞춰주지 못하기 때문에, 수업을 따라가지 못하는 아이들은 결국 학업을 포기하는 경우가 많습니다.

그런데 만약 인수분해를 어려워하는 학생 앞에 '세상에서 가장 재미있게 인수분해를 설명해주는' AI 선생님이 나타난다면 어떨까요? 이 선생님은 학생이 이해할 때까지 끊임없이 설명하고, 부족한 부분을 보완해서 맞춤형 문제를 내주며, 칭찬과 보상을 통해 학습 동기를 높여줍니다. 또 게임 요소를 더해 흥미를 유발하고, 학생이 원리를 완전히 소화해낼 때까지 곁을 지켜줍니다. 게다가 AI 선생님은 24시간 대기하고 있습니다. 학생이 공부하고 싶어질 때마다, 또는 갑자기 호기심이 생겼을 때마다 즉시 응답하고 가르쳐줍니다.

이 변화는 국영수 같은 필수 과목에만 국한되지 않습니다. 곤충에 관심이 많은 학생은 곤충학 박사 수준의 AI 과외 선생님을 곁에 두고 배울 수 있습니다. 음악, 미술 같은 예체능 역시 마찬가지입니다. 텍스트뿐 아니라 음성과 영상을 십분 활용하여 언제든 질문에 답해주고, 작품을 함께 감상하거나 창작을 지도해주는 개인 교사가 옆에 있는 것과 다르지 않습니다. 마치 학생 한 명 한 명이 자신만의 멘토와 평생 동행하는 환경이 펼쳐지는 셈입니다.

이것이 바로 교육 혁명입니다. 더욱 놀라운 점은 이 모든 것이 디지털 환경에서 가능하기 때문에 비용도 기존 사교육이나 교재에 비해 훨씬 저렴해질 수 있다는 사실입니다. 누구나 맞춤형 교육을 누릴 수 있는 길이 열린다면, 인류 교육의 역사는 분명 거대한 전환점을 맞이하게 될 것입니다. 현재 논의되는 'AI 디지털 교과서'가 바로 이런 미래를 지향하고 있습니다.

제가 국가교육위원회 디지털 AI교육 특별위원회에서 활동하던 시절, 안타까움을 느낀 지점이 있습니다. 위원회에는 누구의 지시를 받아서가 아니라, 자발적으로 AI를 통해 교육 혁신을 모색하는 초·중등 교사들이 적지 않았습니다. 저는 선생님들이 고안한 AI 교육 방안을 듣고는 "이렇게 하면 세계적인 수준의 교육이 될 수 있습니다. 하루빨리 확산시켜야 합니다!"라고 적극적으로 지지했습니다. 하지만 정작 교육 현장에서는 뜻밖에도 동료 교사들로부터 많은 저항을 받고 있었습니다.

실제로 교육부가 교육 혁명의 기본 모델이 될 수 있는 AI 교과서를 적극적으로 개발해 학생들에게 보급하려 했으나, 설문조사 결과 학부모와 교사의 90퍼센트 이상이 도입에 반대하면서 이로 인해 법적 지위를 '교과서'가 아닌 '교육자료'로 낮추는 개정안이 국회를 통과했습니다. 이것이 바로 대한민국 교육의 관성입니다. 이후 국회에서도 학교장의 선택에 맡기는 '자율 도입' 방식을 채택했지만, 전면적으로 AI 교과서를 선택한 지역은 대구·경북뿐이었습니다. 서울은 24퍼센트, 경기도는 48퍼센트, 전남·광주는 고작 8퍼센트에 불과했습니다. 이대로라면 지역 간 학력 격차가 더욱 심화될 우려가 큽니다. 이 문제, 과연 누가 책임질 수 있을까요?

물론 부작용이 생길 수 있다는 점은 우리도 이미 충분히 학습했습니다. 그러나 그 단점을 감안하더라도 혁신이 가져올 장점은 비교조차 할 수 없을 만큼 큽니다. 지금 이 순간에도 AI 생태계는 눈부시게 발전하고 있습니다. 마이크로소프트와 같은 글로벌 기업들이 교육에 대규모 투자를 진행하고 있습니다. 포노 사피엔스 세대에게는 이제 저비용으로도 고품질의 교육이 가능해집니다. 좋아하는 분야가 있다면, 박사급 AI 멘토가 24시간 곁에서 궁금증을 풀어주고 깊이 있는 학습을 이끌어주는 환경이 펼쳐지고 있습니다. 과연 학교의 한정된 수업만으로 아이들의 호기심을 이만큼 자극할 수 있을까요?

AI 선생님을 도입한다고 해서 인간 교사의 역할이 사라지는 것은 아닙니다. 오히려 AI가 채울 수 없는 부분에서 교사의 가치는 더욱 중요해집니다. 학생들에게 사회 속에서 함께 살아가는 법을 알려주고, 협업의 의미를 체득하게 하며, 지식을 나누고 탐구하는 기쁨을 경험하게 하는 일은 사람만이 할 수 있습니다. 무엇보다도 인성 교육과 개개인의 꿈을 발견하고 키워주는 것은 인간 교사에게 주어진 고유한 사명입니다.

그러나 현재 학교 현실은 어떻습니까? 진로 체험 교육이 제대로 이뤄지지 않는 것을 당연하게 여기고 있으며, 이 부분을 책임지는 교사나 제도가 거의 없습니다. 많은 부모들은 여전히 아이가 의사가 되기를 바랍니다. 하지만 정작 아이들의 진짜 꿈은 어디에 있습니까? 만약 어떤 학생이 패션이나 음악처럼 자신이 진정으로 원하는 꿈을 가지고 있다면, AI는 국경을 넘어 그 분야 최고의 롤모델을 연결해줄 수 있습니다. 학생은 실제 전문가에게 배우듯, 생생한 영감과 동기를 얻으며 자신의 미래를 구체적으로 설계할 수 있을 것입니다.

실리콘밸리가 탐내는 20대 혁신가들

AI가 학습의 방식을 바꾸고 있듯이, 젊은이들의 롤모델 자체도 근본적으로 달라져야 합니다. 지금까지는 대한민국 기업가 중에서 최고의 롤모델을 묻는다면 아마도 많은 사람이 정주영 회장이나 이병철 회장을 떠올렸을 겁니다. 실제로 대한민국 기업가 정신을 교육하는 교과서에도 이 사람들이 등장합니다. 특히 정주영 회장은 영국 은행의 투자를 이끌어내기 위해 500원짜리 지폐에 그려진 거북선을 보여주면서 "우리나라는 500년 전에 철갑선도 만들었던 나라입니다. 자금만 있으면 세계적인 조선소를 세울 수 있습니다"라며 투자를 요청한 일화로 유명합니다. 당시에 우리 국민 소득은 우간다와 비슷한 수준이었습니다. 그런 상황에서 그는 아무것도 없는 울산에 가서 조선소를 짓기 시작했고, 결국 50년 만에 세계 최고의 조선소를 완성해냅니다. 이처럼 불가능해 보이던 일을 해낸 이야기라면 아이들에게 깊은 감동을 주고 창업과 도전 정신을 가르칠 수 있습니다. 그런데 그를 롤모델로 삼는다면 아이들은 도대체 어디서부터 시작해야 할까요? 용감하게 은행에 가서 대출부터 받아야 할까요? 아이들이 "교수님, 대출을 받을 수 있을까요?"라고 물으면, 제가 "해봤어?"* 라고 대답해야 하나요?

지금 아이들이 배워야 할 롤모델은 다른 분야에 있습니다. 최근 일상에서 아이들이 가장 가까이 접할 수 있는 기업은 카카오나 네이버인데, 어른들은 그런 기업들을 싸잡아 '영세상인을 약탈하는

---

* 현대그룹 초대 회장인 정주영 회장의 말버릇. 어려운 일에도 앞서 미리 포기하기보다 도전하는 근성을 강조했던 이 표현은 그의 경영 철학과 도전 정신을 압축적으로 나타냅니다.

범죄자들'쯤으로 치부하곤 합니다. 대표적인 예로 배달의민족 김봉진 창업자가 있습니다. 첫인상이 어떠신가요? 좋게 보지 않는 사람이 많습니다. 왜일까요? '소상공인을 망가뜨렸다'는 사회적 시선 때문입니다. 김봉진 창업자에 대해 살짝 소개하면 형편이 어려워서 수도전기공고를 나왔고, 이후 서울예술대학 실내디자인학과를 졸업했습니다. 돈도 빽도 없었지만 열심히 살았습니다. 카카오에서 디자이너로 일하다가 우버의 딜리버리 서비스를 보고, '이걸 한국에서 해보자'고 결심했죠. 그렇게 해서 만든 게 바로 배달의민족입니다. 그럼 그는 어떻게 수많은 배달 앱 서비스들 속에서 살아남았을까요? 초창기 두 달 동안 전단지를 인쇄해서 돌리며 직접 강남을 발로 뛴 덕분입니다.

이런 이야기야말로 아이들이 배울 만하지 않나요? 그런데 사회적 여론은 "영세상인 등쳐 먹는 기업"이라며 낙인을 찍습니다. 그럼 아이들은 누구를 보고 배워야 할까요? 그럴듯한 롤모델이 없으니까, 결국 부모는 의사나 하라고 말하게 됩니다. 대한민국은 아직도 잣대가 하나예요. 바로 '수능'입니다. 하지만 이런 시대에 수능을 잘 보는 게 과연 의미가 있을까요? 수능은 한정된 시간 안에 문제를 틀리지 않고 푸는 능력을 요구하죠. 학원에서는 그것만 훈련시킵니다. 그러니 '틀리지 않는 것'이 중요해지고, 도전하거나 실패하는 걸 두려워하게 됩니다. 하지만 진짜 똑똑한 사람들은 실패를 두려워하지 않아요. 어릴 때부터 호기심이 많고, 뭐든지 해보려는 성향을 가지고 있습니다.

아까 샘 올트먼에 대해 얘기했죠. 8살 때부터 코딩을 시작했고, 미국 수능인 SAT 점수는 형편없었어요. SAT 자체가 사실 난이도가 높지 않거든요. 그런데도 샘 올트먼은 스탠퍼드대학교에 입학했습니다. 어떻게 그럴 수 있었을까요? 어릴 때부터 실력이 남달랐고, 실제로 뭔가를 만들어냈기 때문이에요. 이게 바로 세계관의 차이입니다. 우리는 지금 이 격변의 시대를 살아가면서 문제를 잘 푸는 것보다 더 중요한, 세상을 어떻게 바라보는가 하는 관점을 키워야 해요.

현재 실리콘밸리에서 가장 치열하게 경쟁하며 데려가려는 인재들은 바로 AI 분야의 젊은 전문가들입니다. 우리가 진정한 롤모델로 삼아야 할 이들은, 이미 각자의 영역에서 눈부신 성과를 내고 있습니다. 놀라운 건 대부분 나이가 아주 어리다는 사실입니다. 예를 들어, 매트 데이트키Matt Deitke라는 젊은 연구자가 있습니다. 겨우 24살인데, 워싱턴대학교에서 컴퓨터공학 박사과정 중에 앨런연구소AI2에서 멀티모달 AI 프로젝트를 주도하다가 '버셉트Vercept'라는 스타트업을 창업했습니다. 불과 몇 명으로 시작한 팀이 초기부터 수천만 달러의 투자를 유치할 만큼 성장 잠재력을 보여주었습니다.

이런 인재를 놓칠 리 없는 마크 저커버그가 직접 나섰습니다. "우리 회사로 오면 1억 2500만 달러를 주겠다"는 파격 제안을 했지만 데이트키는 단호하게 거절했습니다. 그러자 메타는 무려 2억 5천만 달러로 조건을 2배 올려 다시 제안했고, 결국 그는 메타의 '슈퍼인텔리전스 랩Superintelligence Lab'에 합류하게 됩니다. 24살에 이런 협상을 이끌어낸다는 건, AI 인재들이 단순한 '고급 연구원'이 아니라 이미 기업의 전략을 바꿀 만큼 영향력을 가진 주체가 되었다는 걸 보여줍니다.

메타의 인재 영입 욕심은 여기서 멈추지 않았습니다. 또 다른 주인공은 알렉산더 왕Alexandr Wang입니다. 1997년생으로 20살에 MIT를 중퇴하고 '스케일 AIScale AI'를 공동 창업했습니다. 이 회사는 AI가 학습할 데이터를 가공하고 라벨링해주는 서비스로 유명한데, 그 덕분에 세계 최연소 자수성가 억만장자로 떠올랐습니다. 메타는 이 회사를 19조 원에 가까운 금액을 들여 인수하면서, 왕을 메타의 최고 AI 책임자CAIO로 임명했습니다. 삼성이나 네이버가 스타트업을 인수할 때 창업자를 데려오는 방식과 똑같습니다. 그만큼 인재 자체가 전략적 자산인 시대가 되었다는 증거입니다.

이런 사례들을 보면 AI 인재 전쟁은 이제 국가 간, 기업 간 미래를 좌우하는 핵심 전선이 되었다는 것이 명확해집니다. 2024년까지만 해도 계약금 규모가 수백억 원 수준이었는데, 이제는 천억, 조 단위로 치솟고 있습니다. 더 중요한 건 단순히 돈의 크기가 아니라, 젊은 인재들이 자신의 철학과 비전을 지키며 기업과 대등하게 협상하는 시대가 열렸다는 사실입니다. 그리고 그 안에서 여성 엔지니어들의 존재도 점점 더 두드러지고 있습니다. 앞에서 소개한 미라 무라티를 비롯해, 스케일 AI를 공동 창업한 루시 궈Lucy Guo나 딥시크 돌풍의 주역이었던 뤄푸리Luo Fuli 같은 여성 엔지니어들까지, 남성 중심으로만 여겨지던 IT 업계의 풍경을 새롭게 바꾸고 있습니다.

이들이 바로 여러분의 새로운 롤모델입니다. 지금 이 순간에도 수많은 젊은 AI 기업들이 성장하고 있고, 세계를 바꾸는 힘은 그 속에서 만들어지고 있습니다.

학벌의 종말, 실력의 시대

2025년 2월, 한국의 한 스타트업이 개발자를 모집하는 채용 공고를 내놨습니다. 기존에는 통상 60명 정도가 지원했는데, 이번에는 무려 800명이 몰렸다고 합니다. 특히 마이크로소프트, 애플, 구글 출신 엔지니어들이 잇따라 지원했다고 하죠.

스타트업뿐 아니라 메타, 아마존, 구글, 스포티파이Spotify 등 글로벌 기업들이 AI 인재 확보에 피를 말릴 정도로 혈안이 돼 있는 동시에, 기존 인력을 대대적으로 감원하려는 움직임도 이어지고 있습니다. 이때 구조조정되는 인력 대부분이 고소득을 받는 개발자나 연구원, 각종 지적 노동자이기 때문에 실직 이후에도 다시 AI를 공부해 새로운 회사에 들어가거나, 창업을 선택하는 경우가 다반사입니다. IBM과 같은 대형 기업도 예외가 아닙니다. 기존 개발자들을 해고한 뒤 AI 전문가를 대거 채용하며 조직을 재편하고 있죠. 이를 위해서는 물론 대규모 자본, 적어도 수조 원대의 투자가 필요합니다.

실리콘밸리는 30년 전 IT 혁명이 한 차례 휩쓸고 가면서 버블의 중심지로 치명타를 맞았지만, 그때 남은 불씨가 전 세계를 디지털 사회로 변모시켰습니다. 지금 실리콘밸리는 또다시 비슷한 폭풍을 맞이하고 있습니다. 앞에서 언급한 기업들은 미국 대학생들이 가장 선망하는, 연봉과 복지가 훌륭한 회사들이었습니다. 그런 대기업에 불어닥친 칼바람 소식이 전해지자 대학 캠퍼스는 큰 혼란에 빠졌습니다. AI 역량을 갖추지 못하면 취업도 어렵고, 입사해도 버티기 힘들 것이라는 위기의식이 퍼지면서 대학들도, 취업 준비생들도 큰 변화를 맞닥뜨렸습니다. 중·고등학교까지 이런 영향이 미치지는 않았겠지만, 이미 미국의 교육계 전반이 변화에 휩싸였습니다.

 이처럼 지금 실리콘밸리는 거대한 생태계 재편의 소용돌이 속에 있습니다. 그리고 여기에는 '아카데미아의 위협'을 전하는 새로운 경향, 실력주의meritocracy 문화가 있습니다. 그 대표 주자는 또 팔란티어입니다.

 팔란티어는 고등학생 또는 졸업 직후 학생들을 대상으로 '실력주의 펠로우십Meritocracy Fellowship'이라는 4개월짜리 인턴십 프로그램을 시작했습니다. 지원 자격은 SAT 1460점 이상, ACT 33점 이상―98~99 백분위에 해당하는 우수 성적으로, 대학에 등록하지 않아도 지원할 수 있습니다. 월 5,400달러약 750만 원를 지급하며, 프로그램을 성공적으로 이수하면 '팔란티어 학위'가 수여되고 우수 인턴에게는 정규직 전환 기회도 제공합니다. 그들의 슬로건은 "학비를 줄이고, 세뇌를 피하고, 팔란티어 학위를 얻어라"입니다.

 대표적 명문 사립대인 MIT, 스탠퍼드, 하버드의 연간 등록금은 이미 8만 달러를 넘어섰습니다. 즉, 학비만으로도 1년에 약 1억 2천만 원, 생활비까지 합치면 거의 2억 원에 달합니다. 4년이면 약 8억 원의 부채를 져야 하는 현실입니다. 사회생활을 시작할 때부터 빚이 8억 원이라니, 상상만 해도 막막합니다. 팔란티어는 여기서 인재 발굴의 기회를 발견했습니다.

 팔란티어 최고경영자 알렉스 카프는 "명문대를 나왔든 아니든,

일단 팔란티어에 합류하면 당신의 학력은 중요하지 않다. 여러분은 이제 한 명의 '팔란티어인'이다. 다른 모든 것은 무의미하다"며, "팔란티어에서의 경험이 오히려 최고의 자격증"이라고 강조했습니다. 이는 실리콘밸리 전반에서 '정규 교육보다 실력이 더 중요하다'는 추세와도 맞닿아 있습니다. 사실, 실리콘밸리나 미국 기술 산업 전반에는 대학 중퇴자들이 성공하는 신화가 지배적입니다. 스티브 잡스Steve Jobs, 빌 게이츠Bill Gates, 마크 저커버그 등이 그랬죠. 이런 배경이 있는 만큼, 대학보다 현장을 뛰며 실력을 증명하고자 하는 흐름은 더욱 공감대를 형성합니다.

팔란티어가 만든 인턴십 모델은 큰 반향을 불러왔습니다. 테슬라, 마이크로소프트, 아마존 같은 빅테크들도 곧바로 대응에 나서서 "우리는 학벌을 보지 않는다. 중요한 건 당신이 과연 실력이 있는가다"라며 적극적으로 인재 유치 경쟁에 뛰어든 겁니다. 이렇게 해서 학벌보다는 실력을 중심에 두는 새로운 실력주의 문화가 AI 생태계를 거점으로 빠르게 확산되기 시작했습니다.

여기에 요즘 세대의 특징도 맞물렸습니다. '평생 직장'에 얽매이지 않아 이직이 훨씬 자유로워졌고, 특히 AI 역량이 뛰어난 사람들은 상상하기 어려울 정도의 스카우트 비용을 받습니다. 과거에는 어느 학교를 나왔는지가 커리어의 중요한 잣대였다면, 이제는 그 울타리가 점점 무너지고, 실력 있는 사람이라면 누구든 환영받는 분위기로 바뀌고 있는 것입니다. 물론 여전히 명문대 출신의 인재들이 시장 생태계에서 중요한 역할을 하고 있지만, 이전 같으면 받아들여지지 않았을 실력주의가 새로운 사조로 부상하며 산업 구조 자체를 바꿀 가능성이 커지고 있습니다.

과거에도 유사한 흐름이 있었습니다. 대표적인 사례가 바로 '페이팔 마피아PayPal Mafia'입니다. 이는 미국 핀테크 기업인 페이팔의 초기 직원들과 창업자 그룹을 가리키는 말입니다. 일론 머스크, 피터 틸, 링크트인LinkedIn을 창업한 리드 호프먼Leid Hoffman, 유튜브를 창업한 채드 헐리Chad Hurley, 스티브 첸Steve Chen 등으로, 이들은 2002년 페이팔이 이베이eBay에 인수된 이후 거액의 지분을 받았지만 개인적으로 사용하기보다 다시 창업과 벤처 투자에 뛰어들어 실리콘밸리 기술 창업과 스타트업 생태계에 막대한 영향을 끼쳤습니다. '마피아'라는 이름은 이들이 마치 범죄 조직처럼 끈끈한 유대관계를 유지하며 서로의 기업에 투자하거나 조언하며 상호 성장에 크게 기여한 점에서 유래합니다. 단순한 스타트업 성공 사례가 아니라, 인터넷 시대의 새로운 문명을 주도한 세력이 된 것이죠.

그렇다면 지금 팔란티어가 만들어놓은 인턴십을 거친 세대는 어떨까요? 30년 전 등장했던 페이팔 마피아가 지금의 AI 혁명을 이끄는 핵심 멤버들이 되었듯, 앞으로는 '팔란티어 마피아'가 그 뒤를 이을지도 모릅니다. 10대에 AI 분야에 뛰어들어 세계 최고의 역량을 쌓고 실무형 인재로 자라난다면 이 젊은 인재들이 10년 후 새로운 산업을 창조하는 주역이 될 것이 분명합니다. 더구나 팔란티어와 같은 탄탄한 기업들이 뒤를 받쳐줄 테니까요.

팔란티어는 영리한 기업입니다. 저커버그처럼 수천억, 수조 원을 인재 유치에 투자하기 전에 가능성 있는 친구들을 미리 데려오는 전략을 쓰고 있으니까요. 이제 막 고등학교를 졸업한 청년을 어떻게 믿을까 싶지만 길게 본다면 훌륭한 인재 투자가 될 수 있습니다. 팔란티어를 이끄는 알렉스 카프 그리고 피터 틸의 미래를 보는 혜안이 정말 대단합니다.

6장 요약

2024년 노벨상 수상자들의 메시지
- 제프리 힌턴 (노벨 물리학상): "AI가 교육을 가장 먼저, 근본적으로 바꿀 것"
- 데미스 허사비스 (노벨 화학상): 알파폴드로 신약개발 10년 → 1년 단축
- 노벨상 위원회: AI 혁명 시대의 시작을 역사에 공식 기록

AI 맞춤형 교육의 혁신
- 24시간 개인 맞춤 튜터: 학생이 이해할 때까지 무제한 설명
- 전문 분야 확장: 관심 분야에 따라 국영수는 물론 음악·미술 전문가 AI
- 비용 혁신: 기존 사교육 대비 현저한 저비용으로 고품질 교육

AI 시대 새로운 롤모델의 등장
❶ 매트 데이트키 (24세)
- 워싱턴대 박사 과정 → 버셉트 창업
- 2억 5천만 달러에 메타 슈퍼인텔리전스 랩 합류

❷ 알렉산더 왕 (1997년생)
- 20세 MIT 중퇴 → 스케일 AI 공동 창업
- 24세 세계 최연소 자수성가 억만장자

팔란티어의 실력주의 펠로우십
- 조건: 월 750만 원 지급 + 4개월 교육 + 팔란티어 학위 수여
- 슬로건: "학비를 줄이고, 세뇌를 피하고, 팔란티어 학위를 얻어라"

역사적 선례: 페이팔 마피아
- 일론 머스크, 피터 틸, 리드 호프먼 등
- 페이팔 이베이 인수 후 재투자로 실리콘밸리 스타트업 생태계 주도

> 페이팔 마피아처럼 산업을 주도할
> 새로운 집단 형성의 가능성이 점쳐진다

07

피지컬 AI
: 가상에서 현실로

앞서 AI 에이전트에 대해 설명했는데, 똑같이 목표지향적 작업 수행이라는 핵심 위에서 물리적 세계로 구현되는 '피지컬 AI'에 대해 다뤄보겠습니다. AI라고 하면 흔히 컴퓨터 화면 속에서 똑똑하게 움직이는 '가상 지능'을 떠올립니다. 하지만 이제 AI는 더 이상 화면 속에 머물지 않습니다. 여기서 이야기할 피지컬 AI는 AI가 실제로 물리적 공간을 이해하고, 스스로 움직이며, 인간과 나란히 일상과 산업 현장에서 협력하는 시대를 열고 있습니다. 예를 들어, 단순히 주어진 명령을 분석하는 것이 아니라 실제로 복잡한 공간에서 주변을 파악하고, 그 데이터를 바탕으로 '어떻게 움직일지'까지 스스로 결정합니다. 자율주행차, 휴머노이드 로봇처럼 우리 곁의 현실을 바꿔놓는 피지컬 AI, 우리는 지금 어떤 변화를 마주하고 있을까요?

미국 1500대, 중국 400대, 한국 0대

현재 미국과 중국이 글로벌 자율주행 상업운행과 기술 경쟁을 주도하는 가운데, 다른 국가들은 아직 상대적으로 격차가 벌어진 상황입니다. 구글의 자율주행차 서비스인 웨이모Waymo는 미국의 주요 도시에서 약 1500대의 차량이 활발히 운영되고 있습니다. 2024년 한 해 동안 주당 약 25만 건 이상의 유료 승차 서비스를 제공했으며, 이를 연간 기준으로 환산하면 1천만 건 이상을 주행한 셈입니다. 만약 2025년에도 이 수치를 유지한다면, 이미 1500만 명 이상의 이용자가 웨이모 서비스를 경험한 것으로 추산됩니다. 뉴욕에서도 최초로 자율주행차 테스트 허가를 받아, 맨해튼과 브루클린 지역에서 시험 운행을 시작했습니다. 우리나라 관광객들도 이용해보고 그 첨단 운전 기술에 깊은 인상을 받았습니다. 한 사회에서 1천만 명 이상이 경험했다면, 이제는 받아들일 만한 수준이라는 사회적 공감대가 형성되었음을 알 수 있습니다.

테슬라는 2014년부터 자율주행 기술을 본격적으로 개발하기 시작했습니다. 일론 머스크는 당시 "사람은 눈으로만 운전한다. 비싼 라이다(차량 주변 환경을 3차원으로 인식하는 센서) 대신 카메라를 사용하고, 사람이 코딩하지 말고 AI가 코딩하게 하자"는 철학을 담아 테슬라의 자율주행 시스템을 구축했습니다. LLM 기반 AI를 활용하여, 고객들이 실제로 주행한 40억 킬로미터 이상의 주행 데이터를 학습하는 방식은 테슬라가 자율주행 기술을 발전시키는 데 중요한 역할을 했습니다.

그리하여 2024년 1월, 테슬라의 완전자율주행Full Self-Driving, FSD 베타 V12가 처음 출시됐고 1년 후에 V13으로 업데이트되었습니다. 한번 상상해보세요. 출근할 때 단 한 번도 운전대를 잡지 않고, 퇴근할 때는 눈을 감았다가 뜨면 이미 집에 도착해 있습니다. 이게 현실이 된다면 어떨까요? 사람들은 이런 경험을 유튜브에 계속 공유하기 시작했습니다. 우리나라 유튜버들도 미국으로 건너가 FSD V13의 성능을 직접 테스트하고 리뷰 영상을 올리면서 그 놀라운 기능을 검증했습니다.

2025년 6월 22일, 테슬라는 FSD V12와 V13의 성공을 바탕으로 로봇 택시 서비스를 시작했습니다. 텍사스주 오스틴을 중심으로 35대의 로봇 택시가 운행을 시작했으며, 초기에는 운전 보조석에 사람이 탑승하여 비상 상황에 대비했습니다. 6월 28일에는 오스틴 공장에서 생산된 테슬라가 무인 운전으로 20킬로미터 떨어진 고객에게 스스로 배송되는 풀 셀프 딜리버리 기능도 시연되었습니다. 역사적인 순간입니다. 이 기능이 일반화된다면 테슬라는 앞으로 고객에게 자동차를 배송하는 인건비 약 1300달러 절감이 예상된다고 발표했죠.

상업화를 시작한 기업이 또 있습니다. 2024년에 중국 우한에서는 바이두Baidu의 아폴로 고Apollo Go 서비스가 400대 이상의 완전 무인 자율주행 택시를 일반 택시의 3분의 1 요금으로 제공하여 시민들의 호응을 얻었습니다. 이는 도입이 곧 현실화되리라는 예측을 보여줍니다. 중국의 리 오토Li Auto는 파킹 투 파킹Parking to Parking 기능을 통해 집에서 목적지까지, 그리고 다시 집까지 차량이 스스로 운전하여 다녀옵니다. 중국은 이러한 기술을 개발하기까지 10년 넘게 필드 테스트를 해왔습니다. 중앙집권적 체제하에 정부의 강력한 정책 의지, 신속한 법제 정비, 방대한 데이터 통제와 활용 등으로 자율주행 기술 개발과 상용화에 박차를 가하고 있습니다.

미국은 자율주행 도입을 진지하게 검토 중이고, 중국은 이미 대륙 전체가 새로운 문명의 근원지가 돼가고 있습니다. 명백히 자율주행은 실제로 더 안전하다는 데이터를 기반으로 하고 있고, 수백만 킬로미터의 데이터가 이를 뒷받침합니다.

이러한 상황은 AI 기술의 발전 속도와 국가별 대응 방식의 차이를 명확히 보여줍니다. 우리나라는 자율주행차에 대한 허가 자체를 내주지 않고, 오히려 규제로 막아내고 있는 상황입니다. 기술 발전에 있어 뒤처지지 않기 위해, 규제 완화와 함께 기술 개발에 대한 적극적인 지원이 필요하다는 점을 인식해야 합니다.

데이터를 보면, 자율주행차가 사람이 운전하는 차보다 더 안전하다는 연구 결과가 많습니다. 예컨대 웨이모는 약 1100만 킬로미터의 완전자율주행 데이터를 기반으로, 사람 운전 대비 부상 사고 발생률이 85퍼센트 낮고, 경찰 보고 대상 사고는 57퍼센트 줄었다는 결과를 보고했습니다. 또 다른 보험 청구 기반 연구에서는 신체 상해 청구가 92퍼센트, 재산 피해 청구가 88퍼센트 감소했다는 통계도 있습니다.

2024년 서울시청 앞에서 안타깝게도 13명의 사상자가 나오는 교통사고가 발생했습니다. 이는 운전자가 브레이크가 아닌 엑셀을 잘못 밟은 실수 때문이었습니다. 많은 이가 슬퍼했지만, 정작 "자율주행이 더 안전하다"는 이야기는 거의 나오지 않았습니다. 왜 일까요? 우리가 관념의 나라이기 때문입니다.

정부가 자율주행을 허용하지 않는 이유는 단 하나입니다. 사고가 났을 때 책임질 '사람'이 있어야 한다는 논리입니다. 마치 조선 시대의 노론·소론이나 남인·북인 간의 공방처럼, 12년째 책임 소재를 두고 공방만 이어지고 있는 셈입니다. 인간의 실수로 인한 사고는 지속되고 있습니다. 보험회사 데이터에 따르면, 중대 교통사고의 상당 부분이 운전자의 실수가 원인입니다. 졸음운전, 갑작스런 뇌졸중이나 심장마비, 음주운전 같은 범죄 행위까지, 이런 사고들은 과학적으로 완전히 막기 어렵고, 결국 인간의 한계라고 할 수 있습니다.

하지만 우리는 여전히 기술을 불신하고, 산업혁명 시대 사고방식에 머물러 있습니다. 자율주행이 도입되기 어려운 만큼, 이를 개발하고자 하는 의지가 있는 사람들도 적습니다. 현재는 기술 개발이 수출용 자동차 화물 선적이나 발레파킹 수준에 불과한 실정입니다. 국민 전체에 엔지니어링에 대한 신뢰가 부족한 것도 심각한 문제입니다. 이를 극복하려면 냉정하고 객관적으로 대륙의 신문명, 즉 기술 혁명을 바라볼 필요가 있습니다.

그리고 아무리 회피하려 해도, 해외에서 저렴한 요금으로 이용할 수 있는 안전한 자율주행 교통수단을 우리만 영원히 배척할 수는 없습니다. 역사적으로 기술 도입을 완전히 거부한 사례는 거의 없었습니다. 그런 미래가 이미 매우 가까이 다가오고 있습니다.

실험실을 나와 공장으로 간 로봇들

자율주행과 함께 최근 피지컬 AI 분야에서 가장 자본 집중도가 높은 대표 분야는 휴머노이드 로봇입니다. 연평균 20퍼센트 이상 고속 성장 중이며, 2030년까지 차세대 AI 결합 로봇 시장 규모는 수천억 달러를 넘어설 것으로 전망되고 있습니다.

일론 머스크는 테슬라가 완전자율주행이 가능하다는 것을 확인하자마자, 이미 5년 전부터 로봇에 LLM을 탑재하기 시작했습니다. 이 말은 무엇을 의미할까요? 사람이 일일이 코딩하지 않아도, 로봇이 스스로 코딩을 하고 학습할 수 있다는 뜻입니다. 로봇은 사람이 하는 행동을 관찰하고, 비디오나 실물 데이터를 학습하며 스스로 판단과 실행을 할 수 있습니다. 이 방식이 바로 테슬라의 휴머노이드 로봇, 옵티머스Optimus 시리즈에 적용된 기술입니다.

옵티머스 1에 비해 옵티머스 2는 훨씬 발전했습니다. 2024년에는 100대가 실제 공장에 투입되어 R&R Role and Responsibility 업무를 수행했습니다. 예를 들어, "3번 창고에 가서 A 박스를 가져와"라고 명령하면, 로봇은 스스로 길을 판단하고 창고 위치를 인식하며, 지시받은 박스를 집어서 가져옵니다. 그 모든 행동은 사람이 코딩해서 입력한 것이 아니라, 로봇이 스스로 판단하고 실행한 것입니다. 과거에는 인간과 밀접하게 상호작용할 필요가 없었던 로봇들이 이제는 음료를 서빙하거나, 사람과 손하트를 만들거나 공을 던지고 받는 동작까지 수행할 수 있게 되었습니다. 공을 주고받는 동작은 단순해 보이지만 사실 굉장히 복잡한 기술이 필요합니다. 공이 날아오는 동안 중력에 따라 어디로 떨어질지 계산하고, 본능적으로 움찔하게 되는 반사 행동을 극복하며 정확하게 움직여야 하기 때문입니다. 이처럼 하드웨어와 소프트웨어가 동시에 발전하지 않으면 불가능한 과제입니다. 실제로 기계공학 교수들은 불가능하다고 여겼지만, 2024년 테슬라는 이를 실현했습니다.

현재 테슬라는 옵티머스 3를 개발 중이며, 가장 큰 목표는 가사 노동입니다. 실제로 로봇이 요리, 설거지, 청소, 옷 개기 등 다양한 집안일을 학습하는 모습이 공개되기도 했습니다. 테슬라는 2026년부터 옵티머스의 대량 생산을 본격적으로 진행할 계획이며, 연간 5천 대에서 1만 2천 대에 이르는 로봇이 생산될 예정입니다. 이러한 로봇들은 앞으로 생산 현장은 물론 가정에서도 활용될 것으로 예상됩니다.

이 모든 변화는 단순히 기술적 진보에 그치지 않습니다. 기업의 생산 방식, 산업 구조, 그리고 우리의 일상생활까지 근본적으로 바꾸어놓고 있습니다. 우리는 이제 기술이 발전되기를 기다리는 수동적 태도에서 벗어나, 능동적으로 기술을 수용하고 활용하는 자세가 필요합니다. 과거와 달리 혁신을 두려워하지 않고 적극적으로 도전하는 나라와 기업이 세계를 선도할 수 있다는 사실을, 테슬라의 옵티머스 사례가 잘 보여주고 있습니다.

로봇 시장은 테슬라만의 관심사가 아닙니다. 미국의 피규어 AI Figure AI라는 기업도 적극적으로 휴머노이드 로봇 개발에 나서고 있습니다. 피규어 AI는 피규어 02 로봇 100대를 BMW 공장에 테스트용으로 배치했고, 2025년부터 정식 R&R 업무에 투입했습니다. 최근 릴스를 통해 공개한 영상에는 피규어 02가 BMW 공장에서 위험한 작업을 수행하는 모습이 담겼습니다. 이 로봇은 프레스기 위에 자동차 부품을 올려놓은 뒤, 안전문이 닫히기 전에 빠져나왔습니다. 인간이 미처 빠져나오지 못하면 위험할 수 있기 때문에 안전문까지 설치된 작업 프로세스에 로봇을 투입한 것입니다.

사람이 수행할 경우 1회 작업에 평균 1분이 걸렸다면, 로봇은 평균 40초에 같은 작업을 수행했습니다. 공개된 영상에서는 20시간 동안 휴식 없이 노동을 이어가는 장면도 확인되었습니다. 피규어 AI와 테슬라 모두 휴머노이드 로봇 양산을 준비하고 있으며, 2025년을 휴머노이드 로봇 상용화 원년으로 보고 있습니다. 양산이란 단순히 로봇을 제작하는 것을 넘어, 상품화하여 실제 판매 및 사용이 가능하다는 의미이기 때문에 막대한 자본이 몰리는 이유이기도 합니다.

우리나라 역시 글로벌 경쟁 구도에서 뒤처지지 않고 있습니다. 전 세계 휴머노이드 로봇 분야에서 대표적인 기업은 테슬라, 피규어 AI, 보스턴 다이내믹스Boston Dynamics를 꼽을 수 있는데, 현대자동차그룹이 2020년에 보스턴 다이내믹스를 인수했습니다. 당시 보스턴 다이내믹스는 매출이 적고 적자가 많았지만, 현대자동차그룹이 포기하지 않고 꾸준히 연구 개발을 이어가면서 다시 주목받기 시작했습니다.

2024년에 올 뉴 아틀라스All New Atlas 모델이 핼러윈 시즌에 공장에서 물건을 옮기는 노동 작업 영상을 공개하면서 노동자들에게 가장 무서운 영상으로 선정되기도 했습니다. 예를 들어, "17번 슬롯에서 부품을 꺼내 17번 캐리어로 옮겨"라는 지시를 내리면, 로봇은 스스로 계획을 세우고 실행할 수 있는 수준에 도달했습니다. 현재도 로봇 학습은 계속 진행 중이며, 현대자동차그룹은 2025년 10월부터 미국 메타플랜트Meta Plant 현지 공장에 옵티머스와 같은 휴머노이드 로봇을 자동차 조립 공정에 투입해 테스트하고 훈련할 계획이라고 발표했습니다.

이처럼 테슬라, 피규어 AI, 보스턴 다이내믹스, 그리고 현대자동차그룹까지 전 세계적으로 휴머노이드 로봇 개발과 상용화 경쟁이 본격화되고 있습니다. 이제 실험 단계를 넘어 실제 산업 현장과 공정에 투입되는 단계에 들어섰으며, 기술적 완성도와 안전성, 효율성을 동시에 확보하는 것이 관건입니다. 향후 5년 이내 휴머노이드 로봇이 공장뿐만 아니라 다양한 산업과 서비스 현장에서도 상용화될 가능성이 매우 높습니다.

생산직 기피 시대, 중국이 선택한 로봇 노동력

미국의 질주가 계속되는 상황에서 사실 우리가 가장 주목할 대상은 중국입니다. 중국은 공식적으로 2027년까지 휴머노이드 로봇 약 3500만 대를 제조업과 서비스업에 투입하겠다는 목표를 발표했습니다. 이를 위해 로봇 부품 국산화, 내재화, 가격 인하 등 전략적 투자에 이미 100조 원 이상의 자본을 투입했고요. 중국 내에 수십만 개의 로봇 부품 회사가 가동 중이며, 휴머노이드 로봇을 제작하는 기업만 해도 100여 개에 달합니다. 일부 전문가들은 어느 정도 지연이 되더라도 2030년까지는 목표를 달성할 가능성이 있다고 점치고 있습니다.

중국이 높은 실업률에도 이런 대규모 개발을 추진하는 이유는 무엇일까요? 중국 청년 세대에 고학력자가 늘어나면서 생산직을 기피하는 경향이 생겨났기 때문입니다. 하지만 인구 12억 명의 국가에서 제조업을 포기할 수는 없기 때문에, 대규모 휴머노이드 로봇 도입을 통해 단순 노동을 효율화하는 전략을 택한 것입니다. 현재 중국은 부동산 위기와 자영업자 붕괴 등 경제적 불만이 존재하지만, 정부는 AI와 로봇 분야에 투자를 멈추지 않고 있습니다. AI 관련 기업 매출이 거의 0원 수준임에도 국가 차원에서 기술 선점과 미래 전략을 위해 자원을 집중하고 있으며, 시진핑 정부는 이를 통해 미국과의 기술 패권 경쟁에서 앞서 나가고자 합니다.

그 결과로 얼마 전까지만 해도 중국의 휴머노이드 로봇은 실험실 수준이었지만, 최근 들어 실제 사람과 상호작용할 수 있는 수준까지 진화한 것으로 알려졌습니다. 현재 가장 주목받는 기업 중 하나인 유니트리Unitree Robotics의 로봇 모델들이 드디어 가격표를 달고 시장에 출시되었으며, 재판매 주문이 쇄도하고 있습니다. G1 모델은 약 1만 6천 달러, 한화로 약 2천만 원 수준입니다. 저가형인 R1 모델은 약 5900달러약 800만 원에 출시되었고, 26개의 관절과 AI 기반 이미지 및 음성 인식 기능을 갖추고 있습니다. 참고로 테슬라 옵티머스의 판매가는 투자비용을 고려했을 때 2만~3만 달러 선으로 예상됩니다.

G1은 키 135센티미터, 무게 약 35킬로그램으로 손가락을 이용해 물건을 운반할 수 있으며, 사무실 안내, 커피 서빙, 간단한 택배 수령, 문서 복사, 쓰레기 정리, 손님 응대 등 일상 업무를 수행할 수 있습니다. 로봇 한 대 가격이 2천만 원 수준이라면, 기업 입장에서

직원 대신 도입하려는 수요가 충분히 발생할 수 있습니다. 이 로봇은 2025년 국제전자제품박람회^{CES}에서 관객과 직접 인사하고 악수까지 할 수 있도록 허용되었습니다. 이전까지 G1의 영상은 공개해왔지만, 실수 가능성이 높아 실제 사람과 접촉하는 데는 매우 신중했습니다. 그러나 이제는 자신 있게 로봇을 선보일 수 있게 되었고, 세계 곳곳의 여러 컨벤션에서도 적극적으로 전시와 홍보가 진행되고 있습니다.

앞으로 꾸준히 소프트웨어를 업그레이드한다면 향후 2~3년 내 현장에 투입할 만한 수준의 성능 개선도 충분히 기대할 수 있습니다. G1이 정해진 업무를 학습하고 익숙하게 수행할 수 있는지 여부는 이미 샤오미 공장에서 조립 업무에 성공적으로 투입되며 입증되었습니다. 또한, 다수의 R&D 기업에서 이 로봇을 구매해 생성형 AI 학습, 전용 AI 개발 및 테스트용으로 활용하고 있습니다.

2027년이나 2028년쯤이면 이런 휴머노이드 로봇이 실제 회사 환경에서 업무를 지원하는 상황도 충분히 가능할 것으로 보입니다. 예를 들어, 출근하면 로봇이 "출근하셨습니까? 아이스 아메리카노 맞으시죠? 잠시만 기다리세요"라고 인사한 뒤, 탕비실로 가서 커피를 준비해 가져옵니다. 어제 놓친 뉴스를 브리핑하고 파일로 전달하며, 택배를 대신 받아오거나 방문객을 안내하고 간단한 복사 업무를 수행할 수도 있습니다. 이 정도 수준의 서비스가 가능한데 가격은 2천만 원, 구독료는 월 10만 원 정도라면, 기업에서 높은 수요가 기대됩니다.

휴머노이드 로봇 상용화의 장애물

로봇 기술이 일반 노동자를 위협할 정도로 발전하고 있는 반면, 상업화되기까지는 여전히 몇 가지 큰 장애물이 존재합니다. 먼저, 양산을 목표로 개발하려면 100조 원 이상의 초기 투자가 필요합니다. 양산 공장까지 갖추려면 앞으로 수백조 원이 더 필요하죠. 현재 매출이 거의 0원인 상황에서, 이런 자금을 투입할 수 있는 기업은 평상시라면 사실상 존재하지 않을 겁니다. 하지만 우리나라 국가 예산 규모의 5배에 달하는 3경 원이 10개 기업에 모였다면 이야기가 달라집니다. 1퍼센트의 지분만 투자해도 무려 300조 원 이상입니다. 참고로 2025년 대한민국 과학기술 R&D 전체 예산이 34조 원이었습니다. 모든 혁명적인 발전은 이렇게 투자가 집중되는 버블 시기에 일어나기 마련입니다. 예를 들어 엔비디아 같은 기업도 시가총액이 6천조 원을 넘었습니다. 1퍼센트만 떼어내도 60조 원, 이를 M&A에 투자하고 소프트웨어와 하드웨어를 개발하는 것이 충분히 가능합니다. 이것이 혁명을 빠르게 진행할 수 있는 가장 큰 동력입니다. 실제로 엔비디아의 젠슨 황Jensen Huang은 자신의 지분을 팔아 휴머노이드 개발용 소프트웨어 개발에 투자하겠다고 발표하고 꾸준히 실천하고 있습니다. 거대한 자본의 투입이 휴머노이드 로봇 개발의 촉진제가 되고 있는 것입니다.

다음으로 기술적·공학적 장벽입니다. 휴머노이드가 인간과 비슷한 동작을 수행하려면 센서, 관절, 제어 알고리즘, 균형 유지 등 하드웨어와 소프트웨어가 동시에 높은 수준으로 발전해야 합니다. 예를 들어 물건을 집거나 공을 던지고 받는 동작, 계단을 오르는 동작, 사람과 협업하는 상황에서의 판단 능력 등은 단순한 프로그래밍으로 구현할 수 없습니다. 실제로 옵티머스 1이 많은 오류를 일으켜 조롱거리가 되기도 했지만, 어느새 옵티머스 2는 놀라운 개선을 보여주며 실제 테슬라 공장에 투입되어 업무를 수행하고 있습니다. 아직 해결해야 할 과제가 많다고 하지만, 옷을 개고 요리를 하고 물건을 정리하고 청소를 하는 등 다양한 업무 학습이 진행되고 있습니다. 물론 막대한 시간과 비용이 필요합니다. 그러나 과거와는 다른 엄청난 속도의 발전이 이루어지고 있는 것도 사실입니다.

그밖에 안전과 윤리적 문제도 무시할 수 없습니다. 로봇이 인간과 같은 공간에서 일하면서 사고가 발생할 가능성은 항상 존재합니다. 로봇이 사람을 다치게 하거나 장비를 파손할 경우, 각국의 법과 규제는 아직 책임 소재를 명확히 하지 못하고 있습니다. 또한 로봇이 인간의 일을 대체하는 만큼 노동 시장에 미치는 영향, 개인 정보와 데이터 활용, 인간과 로봇의 상호작용에 대한 사회적 합의도 충분히 이끌어내야 합니다.

로봇 시장에서 엔비디아의 기술 개발 방향

이 모든 장애물에도 불구하고, 엔비디아와 테슬라 같은 기업들은 적극적으로 해결책을 찾아나가고 있습니다. 2025년 CES 기조연설에서 엔비디아는 17대의 휴머노이드와 함께 등장했습니다. 엔비디아가 직접 로봇을 개발하지는 않지만 소프트웨어를 통한 휴머노이드 개발 전략을 소개하기 위해서였습니다.

원래 피지컬 AI가 발전하게 된 계기는 LLM과 생성형 AI의 성능 업그레이드 덕분입니다. 이전 세대 휴머노이드 로봇은 인간의 동작을 기록한 데이터를 기반으로 학습했습니다. 데이터를 수집하려면 사람이 특별 제작된 모션 캡처 수트를 입고 계란 집기, 요리, 커피 끓이기 등의 행동을 직접 해야 했습니다. 그 후 수트에 기록된 데이터를 로봇에게 입력해 학습시키는데, 로봇은 인간보다 유연한 감각과 미세 제어 능력, 환경 변화에 대한 적응력이 부족하기 때문에 그대로 따라 하더라도 실수할 가능성이 높습니다. 그래서 로봇은 반복 학습을 통해 점점 인간이 요구하는 동작을 자연스럽게 수행할 수 있도록 훈련됩니다. 문제는 실제 로봇으로 이러한 학습을 진행하면 엄청난 비용과 시간이 소요된다는 점입니다.

이를 해결한 것이 엔비디아의 소프트웨어입니다. 이는 로봇을 실제 공간이 아닌 디지털 공간으로 옮겨 학습시키는 방식입니다. 옴니버스라는 실제 물리 법칙을 반영한 3D 가상 현실 환경을 구축하고, 로봇을 그 안에 배치하여 인간 행동을 학습하도록 했습니다. 이 과정에서 사용하는 핵심 소프트웨어가 바로 코스모스입니다. 코스모스를 이용하면 로봇은 메타버스 공간에서 방대한 행동 데이터를 짧은 시간 안에 학습할 수 있고, 학습 결과를 실제 로봇에 전달하면 자연스럽게 동작을 수행할 수 있습니다. 이러한 방식 덕분에 과거보다 훨씬 효율적이고 비용이 적게 들며, 로봇의 업무 습득 속도도 크게 향상되었습니다. 엔비디아는 이 기술로 전 세계 휴머노이드 로봇 개발 속도를 크게 끌어올렸습니다.

2025년 1월, 옴니버스와 코스모스가 공개되면서 엔비디아가 휴머노이드 소프트웨어 생태계에서 주도권을 갖게 되었다는 평가가 지배적입니다. 실제로 현재 개발되는 휴머노이드 로봇의 약 98퍼센트가 코스모스를 기반으로 만들어지고 있습니다. 코스모스는 사용이 편리하며, 게다가 중요한 것은 무료로 공급된다는 점입니다. 이유는 명확합니다. 코스모스를 통해 개발된 로봇은 학습과 운영에 엔비디아 GPU 시스템을 필수로 사용해야 하기 때문입니다. 이렇게 하드웨어와 소프트웨어 생태계를 함께 장악하면 엔비디아가 앞으로 새로운 산업 생태계의 중심이 될 가능성이 매우 높아집니다.

엔비디아가 개발하는 로봇 전용 반도체 칩의 성능도 최근 몇 년간 빠르게 개선되고 있으며, 로봇의 학습 속도와 행동 수행 능력 역시 함께 향상될 가능성이 높습니다. 2024년 12월에 발표한 엣지 AI 보드인 젯슨 오린 나노Jetson Orin Nano는 로봇의 추론 능력과 연산 능력을 크게 개선했습니다. 엔비디아는 로봇 시장의 생태계 전체를 선점한다는 목표로 막대한 자본을 투자하고 있습니다. 현재는 전체 매출의 1퍼센트밖에 안 되지만, 앞으로는 가장 큰 시장으로 성장할 것이라고 젠슨 황이 공언하고 있습니다. 최근 공개되는 영상에서 로봇이 인간의 행동을 실제로 따라 하는 모습이 많이 보이는 것도, 전체 생태계의 업그레이드와 연관되어 있습니다.

일론 머스크 역시 2028년까지 혼자 사는 노인을 위한 가사용 로봇을 개발하여 시장에 공급하겠다고 발표했습니다. 실제로 성공할 수 있을지는 아직 미지수지만, 로봇 택시 개발 사례를 보면 불가능하다고 단정할 수만은 없습니다. 많은 전문가들은 적어도 2030년까지는 현실화될 수 있는 서비스라고 보고 있습니다. 이는 생각보다 멀지 않은 미래의 이야기입니다. 이미 일론 머스크는 2025년 8월 인터뷰에서 향후 테슬라 가치의 80퍼센트는 휴머노이드 로봇 판매에서 나올 것이라고 발표한 바 있습니다. 그만큼 기술 발전에 대한 강한 자신감을 드러내고 있습니다.

○ **7장 요약** ○

자율주행차 선도적 성과

❶ 구글 웨이모
- 운영 규모: 약 1500대 차량
- 서비스 실적: 연간 500만 건 이상 유료 승차

❷ 테슬라
- 40억 킬로미터 이상 주행 데이터 학습
- 텍사스주 오스틴에서 로봇 택시 서비스 시작, 풀 셀프 딜리버리

❸ 그 외
- 바이두 아폴로고: 400대 완전 무인 택시, 일반 택시 1/3 요금
- 리 오토: 파킹 투 파킹 기능으로 집 ↔ 목적지 완전자율주행

2025년, 휴머노이드 로봇 상용화 원년

❶ 테슬라의 옵티머스 시리즈
- 목표: 가사 노동 (요리, 설거지, 청소, 옷 개기 등)
- 양산 계획: 2026년부터 연간 5천 ~ 1만 2천 대 생산

❷ 피규어 AI의 피규어 시리즈
- BMW 공장: 100대 테스트 후 2025년 정식 투입
- 위험 작업과 20시간 무휴 작업 가능

❸ 유니트리의 로보틱스
- G1 모델: 1만 6천 달러 (약 2천만 원)
- 기능: 사무실 안내, 커피 서빙, 택배 수령, 복사 업무

엔비디아의 옴니버스 & 코스모스 플랫폼

- 효과: 비용·시간 대폭 절감, 학습 속도 향상
- 점유율: 전 세계 휴머노이드 98% 코스모스 기반 개발

> 한국은 여전히 관념적 이유로 자율주행의 장벽이 남아 있다

08
전쟁터로 간 AI

AI 기술의 발전이 자율주행차와 휴머노이드 로봇이라는 민간 영역에서 혁신을 일으키는 동안, 또 다른 중요한 분야에서도 급속한 변화가 진행되고 있습니다. 바로 군사 및 방위산업 분야입니다. 피지컬 AI나 LLM, LMM 분야 외에도 다양한 스타트업들이 등장하고 있는데, 그중 가장 눈길을 끌고 발전 속도가 빠른 분야가 군사 무기 관련 AI 스타트업들입니다. 이들은 전통적인 방위산업체들과는 완전히 다른 접근 방식으로 현대 전쟁의 패러다임을 바꾸고 있습니다. 특히 우크라이나-러시아 전쟁을 통해 그 효과가 입증되면서, 전 세계 각국 정부와 투자자들의 관심이 폭증하고 있는 상황입니다.

우크라이나 전장이 증명한 AI 전쟁의 시대

대표적인 기업이 팔란티어입니다. 팔란티어가 개발한 고담 소프트웨어는 우크라이나-러시아 전쟁에서 이미 그 성능을 입증했습니다. AI가 전쟁의 승부처가 된다는 점이 부각되면서, 이 소프트웨어를 기반으로 드론과 여러 무인 시스템을 개발하는 기업들이 폭발적으로 성장하고 있습니다. 대표적인 기업으로는 안두릴 Anduril과 AI 실드 AI Shield가 있습니다. 이 두 기업은 무인 전투기 및 공격 체계 통합 지원 시스템 등을 개발하며 미국의 국방력을 강화하고 있습니다. 이는 민간기업과 협력해 방위산업을 육성하는 미국의 새로운 전략의 일환입니다.

팔란티어가 개발한 고담 소프트웨어는 미국의 종합 통제 시스템으로, 위성 사진, 스마트폰 데이터, GPS 자료, 이미지, 드론 촬영 영상 등 다양한 정보를 통합 분석합니다. 이를 통해 적군 위치를 파악하고 전략적 배치를 결정하며, 공격 목표를 지정하는 등의 작전을 지원합니다. 이 시스템은 우크라이나-러시아 전쟁에서 뛰어난 성과를 보이며, 민간 AI 기업이 현대 전쟁 수행의 핵심 도구가 될 수 있음을 증명했습니다. 그리고 이때 전쟁 수행을 위한 데이터 수집 과정에서 스타링크 네트워크도 핵심 역할을 한 것으로 알려졌습니다.

팔란티어를 이끄는 피터 틸은 유명한 '페이팔 마피아' 중 한 명이고, 같은 시기 페이팔 출신에 일론 머스크도 있습니다. 이들은 페이팔을 통해 확보한 자금을 바탕으로 각각 기업을 창업했는데, 머스크는 스페이스X와 테슬라를 중심으로 성장시켰고, 후에 스타링크라는 인공위성 기반 인터넷 서비스 기업을 설립했습니다. 일론 머스크가 구축한 위성망에서 데이터를 확보하고 이를 팔란티어의 고담 시스템으로 분석함으로써 AI 기반 전쟁 운영이 가능해진 것입니다.

흥미로운 점은, 이 두 창업자가 트럼프 대통령의 "메이크 아메리카 그레이트 어게인MAGA" 전략에서 중요한 역할을 수행한다는 사실입니다. 이전에 미국 정부는 방위산업과 우주산업에 막대한 예산을 투입했지만, 방만하고 비효율적인 운영으로 성과가 부족했습니다. 이를 문제로 인식하고, 모든 과정을 개선할 수 있다고 자신한 사람이 바로 머스크였습니다. 그는 미국 정부의 효율화를 위해 해당 산업에서 장관급 역할을 수행한 바 있습니다. 물론 내부 저항으로 인해 일부 과정에서 물러나야 했지만, 군사 분야에서 혁신을 추진하는 목표는 여전히 그의 핵심 전략으로 남아 있습니다. 이러한 배경 덕분에 스페이스X는 우주 관련 기술과 전략적 대응 능력에서 막강한 기업으로 자리 잡을 수 있었습니다.

또 다른 페이팔 마피아 피터 틸의 팔란티어 역시 효율적인 전쟁 수행을 위한 핵심 기업으로 부상했습니다. 민간기업과 정부가 협력해 AI 기반 방위산업을 발전시키는 미국의 전략은, 단순한 기술혁신을 넘어 국가 안보와 군사 효율성을 동시에 확보하는 중요한 모델로 평가됩니다.

이렇게 피터 틸과 일론 머스크, 이 두 사람이 손을 잡고 미국의 국방을 위한 새로운 전략을 만들어가고 있습니다. 그리고 이 전략을 정치적으로 가장 강력하게 지원하는 인물이 바로 제이디 밴스J.D. Vance 미국 부통령입니다. 밴스 부통령은 피터 틸과 오래전부터 긴밀한 관계를 맺어왔고, 실제로 정치 입문 과정에서도 피터 틸이 재정적으로 강력하게 후원하며 부통령 자리에 오르는 길을 열어주었습니다. 따라서 오늘날 밴스가 추진하는 방위산업 및 국방 전략에는 피터 틸의 철학과 영향력이 깊이 스며들어 있다고 볼 수 있습니다.

국방 분야에는 천문학적인 비용이 들어갑니다. 하지만 기존의 보잉The Boeing Company, 록히드 마틴Lockheed Martin 같은 전통적 방산업체조차 최근에는 재정적 어려움과 구조적 비효율성을 드러내고 있고, 나사NASA 역시 방대한 예산을 투입하고도 개발 속도가 더딘 경우가 많습니다. 결국 이런 공무원식, 관료주의식 운영으로는 언제 새로운 무기를 만들어낼 수 있을지, 또 얼마나 많은 세금을 투입해야 할지 예측하기 어렵다는 문제가 있습니다. 미국이 민간 기술 기업과 손잡고 국방 효율화를 추진하는 것은 AI 시대를 준비하는 차원에서도 전략적으로 매우 자연스럽고 필연적인 선택이라고 할 수 있습니다.

여기서 대한민국이 주목해야 할 교훈도 있습니다. 우리 역시 단순히 정부 주도로 미국산 무기를 사들이고, 그것을 조립하거나 배치하는 방식만으로는 미래 국방력을 보장할 수 없습니다. 핵심은 기술 개발이고, 이를 위해서는 민간기업과의 긴밀한 협력이 반드시 필요합니다. 첨단 기술을 독자적으로 확보하고 발전시키는 시스템을 갖추지 않으면 국방 전략에서 뒤처질 수밖에 없다는 점을 명심해야 합니다. 이것이 바로 미국이 보여주는 미래형 국방 전략의 본질이자, 우리가 얻어야 할 중요한 시사점입니다. AI 혁명 시대에 가장 필요한 기술 중 하나가 국방에서 AI 주권을 확립하는 일임을 미국이 먼저 보여주고 있습니다. 그것도 첨단 기술력을 확보한 스타트업과의 협력이 핵심 포인트입니다. 우리가 방위산업을 어떻게 키워야 하고, 국방의 소버린 AI를 어떻게 추진해야 하는지를 잘 보여준 사례라고 생각합니다.

물론 중국도 가만히 있을 리 없습니다. 중국은 AI 기술을 무기 체계에 도입하는 데 매우 적극적입니다. 여기서 우리가 다시 한 번 생각해볼 부분은, 왜 피지컬 AI가 중요한가 하는 문제입니다. 피지컬 AI는 단순히 산업과 서비스용 로봇에 그치지 않고, 무인 자동차, 무인 택시, 그리고 휴머노이드 로봇 등으로 발전하며 전장에 투입될 수 있는 잠재력을 지니고 있기 때문입니다. 실제 전투 상황에서 이런 기술은 곧바로 무기로 전환될 수 있고, 따라서 군사적으로 엄청난 가치를 지닙니다. 이 때문에 전 세계적으로 천문학적인 자본이 피지컬 AI에 집중되고 있는 것입니다.

중국은 미국과의 패권 경쟁에서 단 한순간도 뒤처질 수 없다는 판단 아래, 드론과 휴머노이드 로봇 개발에 국가적 역량을 쏟아붓고 있습니다. 잘 알려져 있듯 중국의 드론 기술은 이미 세계 최강 수준입니다. 이는 민간 시장뿐 아니라 군사적으로도 막대한 파급력을 발휘할 수밖에 없습니다. 실제로 최근 중국은 캄보디아와의 합동 훈련에서 '전투 로봇 개'를 등장시켜 전 세계를 충격에 빠뜨렸습니다. 돌격소총을 장착한 로봇 개가 적진으로 돌격해 실제로 총을 발사하는 장면은, 더 이상 AI 무기화가 미래의 일이 아니라 현재 진행 중임을 보여주는 사례였습니다. 수백만 대의 전투 로봇이 동시에 배치되는 상황을 상상해보면 그 위력은 이루 말할 수 없을 것입니다.

우려되는 AI의 전쟁무기화

이러한 상황 때문에 많은 AI 연구자와 엔지니어들은 "AI를 무기에 도입해서는 안 된다"는 성명을 여러 차례 발표하며 경고해왔습니다. 그러나 현실은 냉혹합니다. 유럽에서도 초기에는 'AI 무기 금지' 움직임이 활발했지만, 러시아가 우크라이나를 침공하자 분위기는 급격히 바뀌었습니다. 이상과 윤리보다 국가 생존과 방어가 더 중요하다는 판단이 앞서면서, AI 무기 개발을 중단하기보다는 오히려 가속화하는 방향으로 선회한 것입니다.

결국 앞으로의 전쟁에서 "AI 없는 전투"를 상상하기는 어려워졌습니다. 국제사회가 서명했던 AI 무기 금지 선언이 있더라도, 실제 전쟁이 일어난다면 그것을 끝까지 지킬 국가는 사실상 존재하지 않을 것입니다. 전투 로봇과 AI 무기는 인간의 희생을 줄이고 더 효과적인 전투 수행을 가능하게 하기 때문에, 이 흐름은 막을 수 없는 세계적 추세가 되었습니다. 따라서 AI 기반 무기 개발은 단순한 기술 발전을 넘어, 국가 안보와 군사 전략의 핵심이 되는 산업 분야로 자리 잡고 있습니다.

대한민국의 방위산업은 최근 급성장하고 있습니다. 그 내부를 들여다보면 반도체 산업, 제조업의 디지털 전환, IT 기술 융합 등이 핵심 경쟁력이 되었습니다. 유럽은 과거의 영광만 믿고 평화 시기에 안주하다가 시장을 거의 다 잃고 있는 상황입니다. 기회를 잡았을 때 더 투자하고 미래를 선점해야 합니다. 방위산업에 AI 기술을 접목하는 것은 정해진 미래입니다. 우리에게는 안보와 경제 성장이라는 두 마리 토끼를 잡는 데 더없이 훌륭한 전략입니다. 더구나 우리는 중국이 추격할 수 없는 차별화된 시장을 갖고 있습니다. 제조업이 아직 부실한 미국의 전략적 파트너가 된다면 충분히 미래 먹거리 산업으로 만들 수 있습니다. 제대로 된 투자가 필요한 시점입니다.

○ **8장 요약** ○

미국의 AI 방위산업 전략

❶ 팔란티어의 고담 시스템
- 위성사진 + 스마트폰 데이터 + GPS + 드론 영상 실시간 통합
- 적군 위치 파악 → 전략 배치 → 공격 목표 지정 자동화

❷ 스타링크와의 시너지
- 일론 머스크의 위성망에서 데이터 수집
- AI 기반 통합 전쟁 운영 체계 완성

민관 협력: AI 스타트업 솔루션
- 안두릴, AI 실드 등 신생 기업 급성장
- 무인 전투기, 공격 체계 통합 지원 시스템 개발

중국의 AI 방위산업 대응
- 돌격소총 장착한 전투 로봇 개 등장
- 세계 최강의 드론 기술

AI 무기화에 대한 국제적 딜레마
- 윤리적 우려 vs. 현실적 필요
- 그러나 우크라이나-러시아 전쟁 후 AI 무기 개발 가속화로 전환
- 국방 AI 주권 확립으로 안보와 경제성장 두 마리 토끼 동시 추구

❝ 민간기업과 협력해 AI 국방기술을 독자 개발하고
방위산업을 미래 성장 동력으로 육성해야 한다 ❞

GLOBAL AI TREND

3부

미-중 AI 패권 전쟁 시대

09
미-중
AI 패권 전쟁의 서막

미국 사회는 지금 AI로 인해 거대한 변혁의 소용돌이에 들어섰습니다. 이미 천문학적인 자본이 투입되었고, 최고의 인재를 확보하기 위한 치열한 전쟁이 벌어지고 있습니다. 혹시 이 AI 수요가 잠시 반짝이는 유행으로 끝나버리는 건 아닐까요? 그럴 가능성은 거의 없습니다. 왜냐하면 이 흐름은 단순한 기술 산업의 성장을 넘어, 전 세계의 패권을 누가 차지하는가와 직결되어 있기 때문입니다.

오늘날 AI는 반도체, 에너지, 국방, 금융을 포함하여 거의 모든 전략 산업의 근간을 흔들고 있습니다. 특히 미국과 중국은 이 기술을 둘러싸고 사실상 신냉전 구도를 형성하고 있으며, AI의 우위를 점하는 쪽이 앞으로 10년, 20년간 세계 질서의 주도권을 쥘 것이라는 전망까지 나옵니다. 따라서 AI에 대한 수요는 일시적인 거품이 아니라 미-중이라는 거대 국가들이 국가적 차원에서 전략적인 투자로 만들어가는, 오래 지속될 구조적인 흐름이라고 봐야 합니다.

미국은 지난 100년 동안 누려온 기술과 국방 패권을 앞으로도 유지하고자 하는 전략적 의지를 분명히 하고 있으며, 그 핵심에 AI가 있습니다. 2021년 미국의 석학들이 모여 향후 100년 동안 국가 발전을 이끌 기술을 논의했을 때, AI가 가장 중요한 기술로 선택되었다는 사실은 매우 상징적입니다.* 미국 정부는 이를 바탕으로 2021년 국가 인공지능 구상법AI Initiative Act 등 AI 발전 전략을 법제화하여 정권에 관계없이 바이든 정부에 이어 트럼프 정부까지 강력하게 추진하고 있습니다. 2024년 7월에는 AIAPAI Action Plan까지 발표하며 그 전략을 더욱 공고히 하고 있습니다. AI가 경제·산업 분야뿐 아니라 특히 국방과 방위산업, 우주산업 등 여러 전략 분야에서 핵심 역할을 수행할 것으로 예상하고 막대한 투자를 지속하고 있는 것입니다.

---

* OSTP(백악관 과학기술정책실)의 〈미래산업 전략보고서〉와 스탠퍼드대학교의 〈AI Index Report〉.

이러한 맥락에서 보면, AI에 대한 수요는 일시적인 유행이 아니라 미국 패권을 지키기 위한 국가적 기반이라는 점에서 절대 꺼지지 않을 구조적 에너지에 가깝습니다. 이에 따라 미국은 중국을 견제하며 AI 패권을 유지하기 위해 다음과 같은 조치들을 추진해왔습니다.

- 거대한 AI 데이터센터 건립 및 인프라 조성
- 반도체 및 GPU 등 첨단 기술의 수출 규제 강화
- 반도체 및 과학법 CHIPS and Science Act을 통한 수조 원대 산업 투자(반도체 제조 및 R&D, 인력 양성 포함)
- AI 연구소 및 인재 양성을 위한 공공-민간 협력 강화(국립과학재단 NSF의 AI 연구소 지원 등)

이런 조치들은 단지 기술 산업의 강화만이 아니라 미국 국가 전략의 중심축을 AI 중심으로 재편하겠다는 선언과 같습니다. 10대 미국 기업 시가총액 합계는 이미 3경 원을 넘어섰고, 이들 기업은 모두 AI 핵심 기술에 대규모 투자를 지속하고 있습니다. 한편 세계 10대 시가총액 기업 중에 중국 기업은 텐센트뿐이며, 시가총액 규모도 약 800조 원 수준에 불과합니다. 미국이 확보한 자본력과 기술력이 얼마나 압도적인지를 보여주는 대목입니다. 따라서 미국내 AI에 대한 인력 수요는 향후에도 폭발적으로 증가할 수밖에 없습니다. 시장 수요가 넘쳐날 뿐 아니라 국가의 전략적 이익과 가장 깊이 연결된 분야이기 때문입니다.

AI 경쟁=인재 쟁탈전

실제로 AI 경쟁은 곧 인재 전쟁이라고 할 수 있습니다. 전 세계적으로 AI 기술 발전과 적용이 급속히 확산되고 있는데 고급 AI 인재는 턱없이 부족하기 때문입니다. 실제로 76퍼센트의 조직이 AI 숙련 인력 부족을 호소하고 있으며, 2027년까지 AI 관련 일자리의 상당 부분이 공석으로 남을 것으로 전망됩니다. 2024년에는 뛰어난 엔지니어를 영입하기 위해 기업들이 100억 원, 200억 원 규모의 사이닝 보너스**를 제시하면서 큰 화제를 불러일으켰습니다. 그런데 2025년에 이르러서는 상황이 '비정상적'이라고밖에 표현할 수 없을 정도로 치열해졌습니다. 앞서 언급했듯이 마크 저커버그는 타사 엔지니어 스카우트에 1400억 원을 제시했다고 보도

** 회사에 새롭게 합류하는 직원에게 일회성으로 지급하는 인센티브로, 주로 우수한 인재를 확보하기 위해 사용됩니다.

되었고, 이제는 수천억 원을 투입하는 것이 당연한 듯한 경쟁 구도가 형성되고 있습니다.

이 같은 인재 쟁탈전이 벌어지는 이유는 곧 AI 버블이 일정 부분 정리되고, 성공 가능성이 높은 기업 중심으로 시장이 재편될 것이라는 전망 때문입니다. 이미 우리는 2000년대 닷컴 버블 당시 인터넷 기업의 80퍼센트가 파산하고 남은 20퍼센트의 기업이 이후 성장을 주도했던 경험을 가지고 있습니다. 따라서 기업들은 기술력 확보의 핵심인 인재를 차지하기 위해 막대한 비용을 투입할 수밖에 없습니다.

이로 인해 AI 인재 전쟁은 수천억 원이 오가는 거대한 경쟁으로 확산되었고, 이러한 추세는 2026년에도 계속 이어질 가능성이 큽니다. 이른바 '슈퍼 인재'는 앞으로 3~4년 동안 AI 분야에서 전례 없는 대우를 받을 것이 분명합니다. 그리고 인재 분포에 따라 각 기업의 성패와 명운이 갈리게 될 것입니다.

이 모든 것은 곧 대격변의 시작이라고 볼 수 있습니다. 챗GPT를 개발한 오픈AI조차 위기설이 제기되는 것처럼, 어떤 기업도 안정적 미래를 장담하기 어렵습니다. 1990년대 초, 인터넷 브라우저 시장을 주도했던 인터넷 기업 넷스케이프Netscape가 결국 역사 속으로 사라졌던 사례가 대표적입니다. 그렇기에 지금 기업들은 좋은 인재를 확보하고, 경쟁력 있는 기술을 선점하기 위해 그야말로 막대한 투자를 아끼지 않고 있는 것입니다.

"(일단) 우리도 AI 기업입니다"

이제 거의 모든 기업들이 "우리는 AI 기업입니다", "AI 인프라 기업입니다", "AI와 연관된 기업입니다"라고 자기소개를 해야만 살아남을 수 있는 상황입니다. 그 이유는 모든 자본이 AI 분야에만 몰리고 있기 때문입니다. 실제로 CES 2025의 슬로건은 'Dive In'이었습니다. 이제 구경만 할 것이 아니라, AI라는 물속으로 한껏 뛰어들라는 뜻입니다. 이 행사에서 삼성은 사용자의 생활 패턴과 환경에 맞춰 초개인화된 AI 솔루션과 스마트 홈 생태계를 선보였습니다. 구경만 하던 위치에서 벗어나, 실제 삶 속에 AI를 완벽히 융합시키는 전략적 발걸음을 CES에서 강하게 보여주었습니다. LG는 '공감 지능'을 테마로, 얼굴과 음성을 인식해 취침 패턴을 분석하고, 아침에 맞춤형 콘텐츠와 웰니스 정보를 제공하는 AI 홈 허브와 온디바이스 AI 기능을 소개했습니다.

두 회사처럼 전자기업들 외에 화장품, 자동차, 농기계 등 거의 모든 산업 분야의 기업들도 "우리 역시 AI 기업이다"라는 메시지를 강조하는 데 주저하지 않았습니다. 그 이유는 명확합니다. 주가를 끌어올리기 위한 가장 확실한 방법이기 때문입니다. 전통 제조업 회사들조차 AI 인프라 기업으로의 전환을 모색하며, AI 생태계에서의 역할을 확립하려고 합니다. 예를 들어, 변전소 변압기 부품과 제품을 공급해온 오래된 제조업체들은 2024년 미국에서 수요가 5배 이상 폭증했습니다. 데이터센터 건설이 급증하면서 기존 변전소 설비를 교체하는 일이 늘어났기 때문입니다. 이렇게 되면 이 기업들은 여전히 변전소 변압기를 생산하지만, "우리는 AI 데이터센터를 위한 인프라 기업이다"라고 포장할 수 있습니다. 그러면 자연스럽게 투자자들의 관심과 주가 상승으로 이어질 것입니다. 결국 어떤 기업도 밸류 업이라는 매력적인 기회를 포기할 수 없는 셈입니다.

같은 맥락에서 두산에너빌리티도 AI 인프라 기업의 반열에 서게 되었습니다. 왜냐하면 미국은 데이터센터와 AI 산업의 급성장으로 전력 수요가 급증하고 있는데, 탄소 배출 제한으로 기존의 대형 화력 발전소를 건설하기는 어려운 상황입니다. 이러한 배경 속에서 소형모듈원자로가 주목받게 되었고, 트럼프 대통령은 SMR의 건설 인허가를 기존 수년에서 18개월 이내로 단축하는 패스트트랙 제도를 도입하겠다고 발표했습니다. 이러한 정책 변화로 SMR 건설에 필요한 핵심 부품의 빠른 공급이 필요해졌고, 미국의 우방국 중 한국의 두산에너빌리티가 40년 이상의 경력을 바탕으로 원자력 발전소 부품의 설계, 제작, 성능 검증까지 전 과정에 참여해온 유일한 기업으로 인정받고 있습니다. 특히, 뉴스케일 파워 NuScale Power와의 협력을 통해 SMR 부품 공급 계약을 체결하였으며, 이는 미국 시장을 포함한 글로벌 시장으로 진출하는 데 기반이 되고 있습니다. AI 데이터센터 수요와 맞물려서 두산에너빌리티는 SMR 부품 공급자로서 상당한 전략적 이점을 확보하게 됩니다. 이로 인해 해당 기업은 전력 공급 시장에서 독점적 위치를 활용할 수 있는 기회를 갖게 되며, 이는 곧 막대한 이익 창출로 이어질 가능성이 높습니다.

기업들은 세계 시장에서 이러한 기회를 지속적으로 발굴하고, 자신들의 가치 제고 전략에 통합해야 합니다. 즉, 단순히 제품을 생산하는 것을 넘어 AI 생태계에서 자사가 어떤 역할을 수행할 수 있는지를 명확히 보여주고, 동시에 내부적으로 AI를 활용해 기업 운영 효율성을 높이고 있다는 점을 강조해야 합니다. 이러한 접근은 단기적인 수익뿐 아니라 장기적으로 기업의 경쟁력과 시장 내 평가를 결정짓는 핵심 요인이 됩니다.

계속해서 늘어나는 AI 자본

2026년에도 AI 인프라 구축은 더욱 가속화될 것입니다. 2025년 1월 21일, 트럼프 대통령은 취임 후 첫 번째 정책 브리핑에서 초거대 AI 프로젝트인 '스타게이트Stargate'를 발표했습니다. 이 프로젝트는 오픈AI, 소프트뱅크SoftBank, 오라클Oracle, MGX 등과 함께 진행되며, 향후 4년간 총 5천억 달러를 투자하여 미국 전역에 100만 대 이상의 GPU를 갖춘 대형 데이터센터를 구축하는 것을 목표로 합니다. 초기 투자금 1천억 달러는 즉시 투입되며, 첫 번째 데이터센터는 미국 텍사스주 아빌린에 건설 중입니다.

이러한 대규모 인프라는 AI 기술의 발전을 가속화하고, 의료, 국방, 금융, 교육 등 다양한 분야에서 혁신적인 서비스를 가능하게 할 것입니다. 예를 들어, AI 기반의 의료 데이터 분석을 통해 AI 의사 시스템을 개발하거나, 맞춤형 백신을 신속하게 제조하는 등의 응용이 기대됩니다. AI 튜터를 활용한 교육 혁신도 가능해질 것입니다.

이처럼 AI 인프라 구축은 국가 경쟁력과 미래 산업의 핵심 요소로 자리 잡고 있습니다. 따라서 기업들은 이러한 변화에 적극적으로 대응하고, AI 생태계에서의 역할을 확립하는 것이 중요합니다. 미국은 결국 AI가 미국의 100년 패권에 가장 핵심적인 요소라고 강조하며, 그 중요성을 국제사회에 명확히 전달하고 있습니다. 이러한 전략적 강조는 전 세계에 큰 영향을 미쳐, 각국이 자연스럽게 미국의 AI 정책과 기술 흐름을 주시하고 따라가게 만듭니다.

그리고 2025년 7월 23일, AI 분야에서 글로벌 주도권을 확보하기 위해 추진하는 정책의 청사진으로 'AI 액션 플랜'을 발표했습니다. 여기에는 R&D 투자 확대, AI 인력 양성, 산업 전반의 AI 적용 촉진, 데이터와 인프라 관리 강화 등이 포함됩니다. 특히 국가 안보와 경제 경쟁력을 고려한 전략적 우선순위를 명확히 하여, 민간과 공공 부문이 협력하는 구조를 마련하고 있습니다. 이를 통해 미국은 AI를 국가 경쟁력과 패권 유지의 핵심 요소로 체계화하고 있는 것입니다. 이와 같은 미국의 움직임 속에서 중국도 AI 분야에서 공격적인 투자를 진행하며 변화의 속도를 높이고 있습니다. 그럼 이 변화무쌍한 시장 경제에서 중국과 미국의 패권 전쟁은 각 분야별로 어떻게 진행되고 있는지 한번 살펴보도록 하겠습니다.

○ 9장 요약 ○

미국 "AI = 100년 패권의 핵심"
- 2021년 미국 석학들이 선정한 차세대 100년 핵심 기술
- 국가 인공지능 구상법 (AI Initiative Act) 법제화
- 정권 교체에 관계없이 바이든 → 트럼프 정부까지 일관 추진

스타게이트 프로젝트
- 규모: 향후 4년간 5천억 달러 투자
- 목표: 미국 전역 100만 대 GPU 대형 데이터센터 구축
- 참여: 오픈AI, 소프트뱅크, 오라클, MGX 공동 추진

천문학적 AI 인재 쟁탈전
- 전 세계 조직의 76%가 AI 숙련 인력 부족 호소
- 2027년까지 AI 관련 일자리 상당 부분 공석 전망
- AI 버블 정리 후 성공 기업 중심 시장 재편 예상

전 산업의 AI 포지셔닝 경쟁
- CES 2025의 슬로건: "Dive In (구경 말고 뛰어들어라)"
- 전통 제조업체들이 앞다투어 AI 인프라 기업 변신 (예: 두산에너빌리티)

구조적 수요의 지속성
- AI 수요는 단순 기술 유행이 아닌 미-중 패권 경쟁과 직결
- 기업들의 생존 전략: AI 생태계에서 AI 기업 정체성 확립

> 모든 기업은 AI 생태계 내 역할을 확립해야 생존할 수 있으며,
> 미국과 중국의 AI 경쟁이 국가 패권의 핵심이 되고 있다

10

2025년 1월 28일, 판도가 바뀌기 시작했다

미-중 AI 패권 경쟁의 서막은 분명 미국이 먼저 열었습니다. 미국은 일찍부터 인공지능을 국가 전략 차원에서 다루며, 막대한 자본과 인재를 투입해 유례없는 속도로 AI 역량을 구축해왔습니다. 실리콘밸리를 중심으로 한 풍부한 스타트업 생태계, 글로벌 최상위 대학과 연구기관, 그리고 클라우드·반도체·데이터 인프라를 아우르는 종합적 경쟁력이 결합하면서, 미국은 단연 세계 AI 생태계의 선두주자로 자리매김했습니다.

하지만 2025년 1월 28일, 중국의 딥시크가 등장하면서 판도가 흔들리기 시작했습니다. 단순한 신기술 발표가 아니라, 미국이 사실상 독점하다시피 했던 초거대 AI 모델 시장에 균열을 낸 사건이었죠. 이날 이후 AI 산업은 미국의 압도적 우위를 전제로 돌아가던 구도에서 벗어나, 중국이 맞불을 놓으며 본격적인 경쟁 국면으로 접어들었습니다.

그동안 AI 업계의 통념은 명확했습니다. 최첨단 AI 모델을 만들려면 천문학적 자본, 최고 성능의 GPU, 방대한 데이터 인프라, 그리고 세계 최고 수준의 인재가 필수라는 것이었죠. 미국의 오픈AI, 구글, 메타 같은 기업들은 이 모든 조건을 갖추고 있었고, 중국은 미국의 반도체 수출 규제로 인해 핵심 GPU 접근이 제한된 상황이었습니다. 업계는 이 격차가 쉽게 좁혀지지 않을 것으로 예상했습니다.

그런데 딥시크는 이 전제를 정면으로 반박했습니다. 규제로 막힌 최신 GPU 없이도, 미국 빅테크가 쏟아붓는 투자액의 극히 일부만으로도 세계 최고 수준의 AI 모델을 만들 수 있다는 것을 증명해 보인 것입니다. 이는 단순한 기술적 성취를 넘어, AI 패권 경쟁의 규칙 자체를 다시 쓰게 만든 사건이었습니다. 그렇다면 딥시크는 정확히 어떤 기업이고, 어떻게 이런 결과를 만들어낸 걸까요?

딥시크의 선방

딥시크는 2023년 량원펑梁文峰이 항저우에 설립한 스타트업으로, 이들이 발표한 추론 특화 AI 모델 딥시크 R1은 미국의 오픈AI o1 모델보다 일부 벤치마크에서 우수한 성능을 보여 업계에 충격을 주었습니다. 이것이 딥시크 쇼크입니다. 딥시크는 엔비디아의 최고급 GPU 없이, 미국의 수출 규제를 우회해 사용한 저사양 GPU인 H800을 활용했고, 개발 비용도 약 560만 달러에 불과했습니다. 이러한 결과는 "저비용 고성능 AI도 가능하다"는 시사점을 전하며, AI 투자 구조에 대한 의문을 불러일으켰습니다. 그 결과, 딥시크가 등장한 당일 미국 증시에서 엔비디아 주가가 약 17퍼센트 급락했으며, 하루 만에 약 5900억 달러에 달하는 시가총액이 증발하면서 미국 증시 역사상 단일 기업 기준 최대 일일 손실을 기록했습니다. 여러 보도에서는 시장 전반에서 약 6천억 달러 규모 가치가 증발했다고 전합니다.

딥시크 R1은 애플 앱스토어 무료 앱 다운로드 순위에서 챗GPT를 제치고 1위를 차지하기도 했고, 이는 미국 정부와 빅테크 기업들에 큰 충격을 안겼습니다. 이후 시장은 다시 빠르게 회복세를 보였지만, 딥시크는 "미국이 독점해온 AI 기술에 견줄 만한 성능을, 중국은 훨씬 적은 비용과 자원으로 개발할 수 있다"는 가능성을

	수학 MATH-500	수학 AIME 2024	다중 질문 FRAMES
딥시크 R1	97.3	79.8	82.0
오픈AI o1	96.4	79.2	76.9

딥시크 vs. 오픈AI 성능 비교 (출처: 딥시크)

보여준 셈입니다.

량원펑은 1985년생으로, 중국 밖을 나간 적 없는 광둥성 출신의 토종 엔지니어입니다. 저장대학교에서 전자정보공학을 전공하고 동대학원에서 석사 학위를 취득했으며, 학부 시절부터 주식 가격 예측 프로그램을 개발하며 인공지능에 대한 연구를 시작했습니다. 이후 2023년 7월, 딥시크를 설립하여 본격적인 LLM 연구를 시작했습니다. 물론 딥시크는 미국 기술을 모방한 측면이 있어 미국에 의존적이라고 해석할 수 있습니다. 딥시크의 내부 테크니컬 리포트에도 딥시크 모델들이 트랜스포머 기반 구조와 미국에서 연구된 기술들을 참고하거나 유사한 설계를 따랐다는 점이 명시되어 있습니다.

그럼에도 불구하고, 이렇게 제한된 자원과 인력으로 높은 수준의 모델을 개발해낸 것은 매우 큰 성과입니다. 딥시크는 기타 경쟁사 대비 훨씬 적은 투자와 GPU 사용으로 우수한 성능을 보여주며 글로벌 AI 연구 환경에 충격을 줬습니다. 이후 중국 정부는 딥시크의 프로그램을 전 산업 분야에 강제적으로 확산시키는 정책을 펼쳤습니다. 전 산업 분야에서 AI 기반 혁신을 누릴 수 있게 한 것이지요. 이러한 전략은 딥시크의 글로벌 충격파가 단순한 기술적 성취를 넘어 산업 전반의 트렌드로 이어지는 계기가 되었습니다.

특히 한국에서는 딥시크의 등장이 큰 반향을 일으켰습니다. 그동안 AI 분야는 막대한 투자가 필요한 영역이라 미국에 대항하기 어렵다는 것이 국내 여론이었는데 중국이 '독자적인 모델로도 충분히 경쟁할 수 있다'는 메시지를 던지자, 국내 정치권과 연구계 모두 정신이 번쩍 든 계기가 되었습니다. 결과적으로 2025년 대선 공약에서는 AI 분야에 100조~200조 원 규모의 투자 계획이 제안되었고, AI 연구자뿐 아니라 저를 포함하여 AI의 중요성을 절감하고 있던 많은 사람들에게 딥시크는 너무나 고마운 존재가 되었습니다.

엔비디아 주가 대폭 하락으로 시작된 AI 난타전

딥시크가 여러 벤치마크 테스트에서 높은 성능을 입증하며 존재감을 과시한 것은 사실이지만, 미국도 곧바로 대응에 나섰습니다. 2025년 1월 30일, 오픈AI가 기다렸다는 듯이 o3 미니를 발표했고, 이는 딥시크보다 한 단계 나은 성능을 보여주며 시장의 시선을 다시 끌어갔습니다. 이어 2월 18일에는 일론 머스크가 직접 나섰습니다. xAI가 그록 3를 발표하며 딥시크를 압도하는 성능을 과시한 것입니다. 머스크는 GPU 20만 장을 투입해 약 10조 원 규모의 초대형 데이터센터를 구축했다고 밝히며, 여기에서 플랫폼 X의 방대한 데이터를 활용해 LLM을 학습시켰다고 설명했습니다. 벤치마크 결과는 단연 압도적이었고, 다시 한 번 AI 경쟁의 추가 미국 쪽으로 기우는 듯했습니다.

하지만 중국 역시 가만히 있지 않았습니다. '제2의 딥시크'라 불리는 스타트업 마누스Manus가 3월 5일 새로운 모델을 내놓으며 주목을 받았습니다. 특히 마누스는 AI 에이전트 기능에서 두각을 나타내며 "딥시크 이후 또 다른 도전자"라는 평가를 얻었습니다. 이어서 4월 29일에는 알리바바가 딥시크를 능가하겠다는 포부와 함께 QN3 업데이트 버전을 발표했습니다. 알리바바와 텐센트는 거대한 데이터 플랫폼을 보유한 덕분에 학습량에서 막대한 우위를 점할 수 있었고, 그 결과 LLM 경쟁에서 중국 역시 세계 최강을 다투는 구도에 적극 합류했습니다.

AI 패권 경쟁은 여기서 멈추지 않았습니다. 7월 10일, 머스크의 xAI는 다시 그록 4를 발표했습니다. 개선된 LLM과 추론 기능으로 세계 최강의 자리를 되찾았다는 평가를 받았으며, GPU 20만 장 규모의 데이터센터에서 비롯된 엄청난 학습 능력을 입증했습니다. 일주일 뒤인 7월 17일에는 중국의 스타트업 문샷Moonshot이 키미Kimi K2 모델을 선보였습니다. 이 모델은 파라미터 규모에서 세계 최초로 1조 개 이상을 넘어섰다고 전해지며 다시 한 번 글로벌 AI 업계를 놀라게 했습니다. 오픈AI가 GPT-4에서 약 6천억 개 파라미터를, GPT-5에서 1조 개 이상을 구현한 것으로 알려져 있지만 공식 발표는 없었던 상황에서, 문샷의 K2는 중국이 기술적 한계를 직접 돌파했다는 신호탄으로 받아들여졌습니다.

여기에 7월 22일, 알리바바가 다시 한 번 QN3의 업데이트 버전을 공개하며 오픈 소스 LLM 분야에서 최고 수준의 모델이라는 평가를 얻었습니다. 이렇게 미국과 중국을 중심으로 한 글로벌 빅테크 기업들은 LLM 성능 경쟁에서 멈추지 않고 치열하게 자본과 기술을 쏟아붓고 있습니다. 특히 그록 4 사례에서 보듯이, 단일 데이터센터에 GPU 20만 장을 투입할 수 있다는 사실은, 단순한 모델 성능을 넘어 인류가 가진 디지털 인프라 역량 자체가 새로운 차원으로 도약했음을 보여줍니다.

계속되는 한국의 AI 도전기

우리나라도 자체적인 AI 역량 확보를 위해 본격적으로 움직이고 있습니다. 네이버는 약 2조 원, 카카오는 4천억 원 규모의 자금을 투입해 독자적인 대규모 언어 모델 개발에 나섰습니다. 다만 현실적으로 LLM을 개발하는 과정에서 가장 큰 비용은 GPU 학습 비용에서 발생합니다. 딥시크가 밝힌 것처럼, 우수한 프로그램을 완성한다 하더라도 전 세계 지식을 학습하는 데만 약 80억 원이 소요되며, 이를 수십 차례 반복해야 한다면 총비용은 순식간에 수천억 원대로 치솟게 됩니다. 예컨대 학습을 100번만 반복해도 8천억 원이 필요하다는 계산이 나오죠.

이 때문에 각국은 경쟁적으로 대규모 데이터센터를 건설하고 있습니다. 실제로 미국은 스타게이트 프로젝트를 통해 GPU 100만 장 규모의 초거대 인프라를 구축하려 하고 있고, 이를 통해 누구나 AI를 활용하거나 연구할 수 있는 환경을 조성하려 합니다. 우리나라가 내세우는 소버린 AI 전략도 바로 이 같은 배경에서 출발했습니다. 핵심은 주권형 AI를 뒷받침할 수 있는 국가 차원의 데이터센터 인프라를 갖추는 것이며, 현재 한국은 약 GPU 1만 장을 설치해 운영하는 수준까지 와 있습니다.

한국의 기술력도 주목할 만합니다. 특히 업스테이지Upstage가 개발한 LLM인 솔라 프로 2Solar Pro 2는 국제평가기관인 아티피셜 어낼리시스Artificial Analysis에서 전 세계 12위를 기록하며 글로벌 무대에 이름을 올렸습니다. 흥미롭게도 일론 머스크가 자신의 X에 "한국의 12위 모델, 솔라 프로 2는 꽤 괜찮다. 선방 중이다"라는 글을 올리면서 전 세계 업계가 업스테이지에 관심을 기울이는 계기가 되기도 했습니다. 앞으로 한국이 소버린 AI 전략에 더 큰 투자를 이어가고, 업스테이지와 같은 유망 스타트업이 함께 성장한다면 글로벌 AI 경쟁 구도에서 한 축을 담당할 가능성도 충분히 있습니다.

물론 현재 가장 치열한 경쟁은 여전히 LLM 성능을 둘러싼 미국과 중국의 양강 구도입니다. 하지만 그 외 국가 중에서는 프랑스의 미스트랄Mistral과 한국의 LG 엑사원EXAONE, 업스테이지 정도가 두각을 나타내고 있으며, 다른 나라들은 사실상 경쟁에서 엄두조차 내지 못하는 상황입니다. 2025년 현재 AI 패권 경쟁은 미국과 중국이 주도하되, 일부 국가들이 틈새에서 존재감을 드러내고 있는 형국이라 할 수 있습니다.

○ 10장 요약 ○

딥시크의 등장

- 창업자 량원펑: 1985년생, 광둥성 출신 토종 엔지니어
- 개발 비용: 560만 달러 (약 80억 원)
- 사용 GPU: 저사양 H800 (미국 수출 규제 우회)

글로벌 반향

- 엔비디아 주가 17% 급락, 하루 만에 5900억 달러 시가총액 증발
- "저비용 고성능 AI 가능성" 입증으로 AI 투자 구조에 의문 제기

딥시크 등장 이후 미국과 중국의 난타전

날짜	국가	기업	모델	특징
1월 30일	미국	오픈AI	o3 미니	딥시크보다 한 단계 우수한 성능
2월 18일	미국	xAI	그록 3	GPU 20만, 10조 원 데이터센터
3월 5일	중국	마누스	신규 모델	AI 에이전트 기능 특화
4월 29일	중국	알리바바	QN3 업데이트	딥시크 능가 목표
7월 10일	미국	xAI	그록 4	세계 최강 지위 탈환
7월 17일	중국	문샷	키미 K2	세계 최초 1조 개 파라미터 돌파
7월 22일	중국	알리바바	QN3 재업데이트	오픈소스 LLM 최고 수준
8월 8일	미국	오픈AI	GPT-5	세계 최강 그록 4와 동일 수준

한국의 도전과 성과

- 네이버 2조 원, 카카오 4천억 원 규모 투자
- 업스테이지 솔라 프로 2: 아티피셜 어낼리시스 평가 세계 12위 달성

> 미-중 양강 구도에서 경쟁력을 유지하려면
> 소버린 AI 인프라에 대한 투자 확대가 당장 필요하다

11
피지컬 AI의 승자는 미국? 중국?

미중의 패권 경쟁은 휴머노이드 로봇 분야에서도 빠르게 전개되고 있습니다. 미국의 테슬라는 휴머노이드 로봇 옵티머스 젠3를 개발했으며, 이를 기반으로 연간 5천 대에서 최대 1만 2천 대 생산을 목표로 한 양산 공장 건설에 착수했다고 밝혔습니다. 또 다른 미국 기업인 피규어 역시 새로운 휴머노이드 로봇 헬릭스Helix를 선보였습니다. 헬릭스는 여러 대의 로봇이 서로 의사소통하며 역할을 분담해 스스로 작업을 수행할 수 있는 것이 특징입니다. 공개된 시연 영상에서는 한 사람이 장을 보고 돌아와 헬릭스에게 물건을 건네주자, 2대의 로봇이 협력해 냉장 보관이 필요한 물품은 냉장고에, 상온 보관이 가능한 물품은 찬장에 나누어 정리하는 모습을 보여주었습니다. 이는 LLM 기반 인공지능이 휴머노이드 로봇의 자율성과 협업 능력을 크게 끌어올렸다는 점을 시사합니다.

한편, 피규어는 이전에 피규어 02 모델을 BMW 공장에 성공적으로 도입한 경험을 바탕으로 양산 체제 전환에도 착수했습니다. 2025년 5월 25일 BMW 공장에서 피규어 02가 20시간 연속 작업을 수행하는 모습이 공개되었습니다. 6월 9일에는 물류센터에서 택배 분류와 QR 코드 스캔 등 업무를 수행하는 영상을 공개했으며, 실수와 머뭇거림까지 솔직하게 보여주면서 학습을 통한 개선 가능성을 강조했습니다. 이처럼 테슬라와 피규어 모두 내년부터는 대규모 양산 공장에서 로봇을 공급해 다양한 산업 현장에 본격적으로 확산시킬 것으로 기대됩니다. 특히 매출이 발생하기 시작하면 보급 속도는 더욱 가속화될 가능성이 큽니다. 이러한 흐름을 볼 때, 2026년에는 휴머노이드가 실제 인력을 상당 부분 대체할 가능성이 높다고 평가할 수 있습니다.

피지컬 AI에서 계속되는 미중 경쟁

2026년은 휴머노이드 로봇 경쟁의 본격적인 원년으로 기록될 가능성이 큽니다. 미국이 여전히 기술적으로 앞서 있지만, 중국도 사회적 분위기와 정책적 드라이브를 통해 거세게 추격하고 있기 때문입니다. 2025년 4월 19일 베이징에서 열린 세계 최초의 로봇 하프마라톤 대회가 상징적이었습니다. 44개 팀 중 8개 팀만 완주에 성공했고 우승 로봇의 기록은 2시간 40분이었지만, 이는 단순한 기술 시연을 넘어 사회 전체가 로봇에 친화적인 분위기를 갖고 있음을 보여주는 장면이었습니다. 참가팀이 대부분 동호회 수준이었음에도 국가 차원에서 적극적으로 대회를 개최했다는 점은 특히 주목할 만합니다.

이어 6월 29일에는 휴머노이드 로봇 축구 대회가 열렸습니다. 로봇 축구 자체는 새로운 일이 아니지만, 휴머노이드가 자체 판단을 통해 경기를 수행한 사례는 이번이 처음이었습니다. 기술 수준은 아직 미흡하다는 평가를 받았으나, 중국이 베이징을 중심으로 휴머노이드 로봇의 성지로 자리매김하려는 의지는 충분히 확인할 수 있었습니다.

산업 현장에서도 변화가 나타나고 있습니다. 상하이자동차SAIC와 GM이 협력하여 휴머노이드 로봇 포러너Forerunner K2를 제조라인에 투입했다는 사실을 공개한 것은 이제 실험 단계를 넘어 실제 생산 공정으로 휴머노이드가 들어가고 있음을 의미합니다. 이는 산업계 전반이 이미 로봇의 투입을 기정사실로 받아들이고 있음을 잘 보여줍니다.

중국은 현재 내수 침체, 자영업 위기, 부동산 불황 등으로 경제적 어려움이 심각합니다. 그럼에도 불구하고 막대한 자원을 AI와 로봇 분야에 투입하는 것은, 미래 생존과 도약의 돌파구를 첨단 기술 경쟁에서 찾겠다는 국가 전략의 표현입니다. 다시 말해, 미국과의 패권 경쟁에서 뒤처지지 않기 위해 중국이 선택한 해법이 곧 'AI와 휴머노이드 로봇'인 것입니다.

하지만 중국의 사회주의적 시장 논리는 득이 될 수도 실이 될 수도 있습니다. 대표적으로 중국의 유망 스타트업 마누스가 본사를 싱가포르로 옮겼습니다. 이유는 분명합니다. 중국에 있으면 미국 시장에 진출하기가 어렵고, 중국 내에서는 어떤 기술을 개발하더라도 무료 배포를 권장받기 때문입니다. 사실상 거부하기도 어렵고요. 초기에는 중국 정부의 막대한 지원으로 빠르게 성장할 수 있지만, 정작 매출을 올리려 할 때는 '중국 생태계를 위해 무료로 배포하라'는 사회주의적 시장 논리에 발목이 잡히는 양날의 검입니다.

이 때문에 국적을 옮기는 기업들이 늘어나고 있습니다. AI 기반 검색 스타트업 젠스파크 역시 바이두 출신 엔지니어들이 미국에 설립한 기업입니다. 수천억 원, 수조 원 단위의 성공 사례들이 등장하면서 중국 AI 엔지니어들이 미국 시장에 매료될 수밖에 없는 환경이 조성된 것입니다. 게다가 성지아 자오Shengjia Zhao, 알렉산더 왕 등 중국계 AI 엔지니어들이 미국에서 스타트업을 성공시키는 모습을 보며 본격적인 '탈출 러시'가 시작됐다고 볼 수 있습니다. 지금까지는 애국주의가 중국 내 AI 개발에 상당한 힘을 실어주었지만, 이제는 그 한계가 드러나고 있는 상황입니다.

자율주행 분야에서도 혁신이 빠르게 전개되고 있습니다. 2025년 6월 22일 로봇 택시가 미국 텍사스주 오스틴에서 공식적으로 서비스를 시작한 데 이어, 정책적으로도 다양한 서비스 확대가 추진되고 있습니다. 이어서 6월 28일에는 테슬라가 처음으로 자율배송에 성공했는데, 차량 한 대당 1,300달러의 비용 절감 효과가 있다고 하니 자동차 산업에서는 더 이상 피할 수 없는 변화의 흐름으로 보입니다.

중국 역시 강하게 뒤쫓고 있습니다. 대표 기업인 BYD가 완전 자율주행을 위해 자체 개발한 '신의 눈 God's Eye' 시스템에 집중하고 있고, 리 오토는 L9이라는 모델을 내놓았습니다. 실제 이용자들의 평가에 따르면 파킹 투 파킹, 엔드 투 엔드가 실현되는 수준의 성능을 보여주고 있다고 합니다. 이는 이동 수단을 넘어 미래 군사 전략에서도 큰 의미를 지닙니다. 휴머노이드와 자율주행 기술은 모두 군사 무기화 가능성이 크기 때문에 국방 차원에서도 미중 간의 패권 경쟁이 더욱 치열해질 수밖에 없는 분야입니다. 결국 피지컬 AI 영역에서 두 나라의 경쟁은 앞으로도 쉽게 식지 않을 전망입니다.

LMM 분야의 경쟁 역시 뜨겁습니다. 다만 이 영역에서는 아직 미국이 한발 앞서 있는 모습입니다. 2025년 3월 25일 오픈AI가 이미지 제너레이터(이미지 생성 기능)를 업그레이드하면서 '지브리 필터'라는 기능을 선보였습니다. 전 세계 사용자들이 마치 지브리 애니메이션 속 인물처럼 이미지를 변환해 즐겼고, 샘 올트먼이 "지브리 필터를 돌리는 사람들 때문에 AI GPU가 녹아내린다"고 표현할 정도로 폭발적인 반응을 얻었습니다. 이후 절전형 AI 모델이 등장하면서 전력 소모 문제가 완화되었지만, 이 서비스 하나로 오픈AI의 유료 가입자가 120만 명이나 증가한 것은 의미가 큽니다. 결국 사람들에게 일상적인 즐거움과 체험을 제공하는 기능이 여전히 AI 확산의 중요한 동력이 되고 있음을 보여주는 사례라 할 수 있습니다.

구글 클라우드는 4월 9일 미국 라스베이거스에서 열린 넥스트 2025 행사에서 비오2, 이마젠Imagen 3를 공개하며, AI 인프라, 제미나이 모델, 버텍스 AIVertex AI 등 클라우드 기반의 다양한 AI 솔루션도 선보였습니다. 이어 5월 25일에 열린 구글 I/O 2025 기조연설에서는 스티치Stitch라는 추론 모델 신제품이자 UI 디자인 및 코딩 자동화 도구를 발표했습니다. 스티치는 사용자가 자연어로 앱을 구상하여 스케치하면 실제 앱으로 바로 구현해줄 수 있을 만큼 코딩과 프로세스 자동화 기능이 뛰어난 제품으로 소개되었습니다. 동시에 비오 3와 이마젠 4 신제품도 공개했는데, 소리와 입 모양을 매칭해 자연스러운 영상 제작이 가능한 혁신적 기능이 포함되었습니다. 특히 플로우Flow라는 영상 제작 소프트웨어 데모를 통해, 하나의 이미지에서 다른 이미지로 전환되는 과정을 물 흐르듯 자연스럽게 영상으로 구현할 수 있는 기술을 선보였습니다.

이와 함께 구글은 TPU Tensor Processing Unit 하드웨어를 활용해 전력 소모는 줄이면서 연산 능력은 높인 서비스를 제공, 독자적 하드웨어 기반 AI 서비스 역량을 강화했습니다. 또한 AI 에이전트 기능을 확대해 제미나이 플랫폼에서 여러 서비스를 연동하고, 맞춤형 주식 정보 제공 등 실용적 기능을 구현했습니다. 검색 기능도 강화했으며, 특히 쇼핑 정보 관련 검색을 업그레이드해 AI 시장을 빼앗기지 않겠다는 전략을 엿볼 수 있습니다.

구글은 또 스마트 글래스 프로젝트 '무한Moohan'을 발표하며 몰입형 XR 글래스와 안경형 스마트 글래스를 선보일 계획임을 밝혔습니다. 이 과정에서 삼성전자, 퀄컴, 젠틀몬스터와의 협업을 언급하며 한국 기업과의 협력 강화 의지를 드러냈습니다.

한국이 가진 세 가지 무기

미중의 패권 경쟁이 갈수록 치열해지는 가운데, 2025년 한국의 AI 경쟁력과 세계적 위치는 큰 관심사였습니다. 과연 한국이 세계 AI 3위 국가가 될 수 있을지가 화두였죠. 2024년 토터스 미디어가 발표한 글로벌 AI 인덱스를 보면, 1위는 압도적인 점수로 미국, 2위가 중국입니다. 이어서 3위 싱가포르, 4위 영국, 5위 프랑스, 6위가 한국이며, 11위와 12위에는 일본과 대만이 자리하고 있습니다.

미국은 전 세계적으로 압도적인 점수를 기록하며 AI 분야의 최전선에서 독보적인 위치를 차지했습니다. 신기술 개발과 새로운 프론티어 영역에서도 미국은 여전히 가장 강력하며, 자본 투자와 우수 인재 확보에서도 월등합니다. 사실상 AI 분야에서 넘볼 수 없는 1위 국가라 할 수 있습니다. 반면 중국은 상대적으로 점수는 낮지만, 사회 전체가 AI와 휴머노이드, 피지컬 AI 등 핵심 기술 분야에 집중하는 전략을 취하고 있습니다. 인재를 총동원하고, 정부 주도하에 막대한 자본을 투입하며 미국을 추격하는 모습이 분명히 나타납니다. 특히 중국은 사회주의적 정책 특성을 활용해, 국가 차원에서 AI 인프라와 기술력을 신속하게 확장하고 있습니다.

3위부터 12위까지의 국가들은 일반적으로 세컨티어second-tier

국가로 분류됩니다. 이들 국가는 독자적인 기술 개발보다는 글로벌 AI 생태계의 한 축을 담당하는 전략을 취하고 있습니다. 싱가포르, 영국, 프랑스가 한국보다 상위에 위치한 것은 강력한 R&D 역량 때문입니다. 싱가포르는 난양공대와 싱가포르국립대를 중심으로 AI 연구 수준이 MIT나 스탠퍼드와 견줄 만큼 높다고 평가받고 있으며, 꾸준한 대학 투자와 연구 성과가 이를 뒷받침하고 있습니다. 영국은 예전부터 딥마인드를 포함한 여러 AI 스타트업을 보유하고 있으며, 혁신 생태계를 선도해왔습니다. 프랑스 역시 수학과 과학이 발달한 전통을 바탕으로 미스트랄 등 기업들이 유럽 내 소버린 AI 구축의 핵심 역할을 수행하고 있는 것으로 알려져 있습니다.

한국은 6위에 있지만, 이 순위는 독자적 기술력과 글로벌 AI 생태계 참여 가능성을 동시에 보여줍니다. 대학과 연구기관에서 AI 인재를 꾸준히 양성하고 있으며, 기업들도 LLM, 휴머노이드, 자율주행 등 주요 AI 분야에 점차 자원을 투입하고 있습니다. 다만 미국과 중국에 비해서는 자본과 인력 규모에서 아직 차이가 존재하므로, 향후 3위로 도약하기 위해서는 정책적 지원, 기업 투자, 연구 인프라 확충 등 다각도의 노력이 필요할 것입니다. 사실 한국은 그동안 AI에 대한 관심과 투자가 상대적으로 낮았습니다. 2024년까지 확보한 GPU 수량도 불과 4천 대에 불과했던 것으로 알려져 있습니다. 그럼에도 불구하고 6위라는 성적을 기록한 것은 다소 고무적인 일입니다. 그 이유는 한국이 AI의 미래를 준비할 수 있는 3가지 탄탄한 인프라를 갖추고 있기 때문입니다.

첫 번째 핵심 인프라는 반도체입니다. AI 성능의 핵심은 반도체 기술에서 비롯되며, 중국 역시 독자적 반도체 기술 확보를 위해 막대한 자본을 투입하고 있습니다. 그러나 아직 엔비디아 H100 GPU와 같은 최첨단 AI 반도체 성능을 구현하기에는 역부족입니다. H100 GPU의 메인 칩은 대만 TSMC가 독점적으로 생산하고 있으며, HBM 같은 보조 칩은 한국의 SK하이닉스, 삼성전자, 그리고 미국 마이크론이 납품하고 있습니다. 이 세 국가만이 사실상 AI 반도체의 주권을 가진 국가라고 볼 수 있습니다. 이러한 이유로 미국은 일본을 포함한 칩4 CHIP4 동맹을 구성하여 AI 반도체 기술이 중국으로 이전되는 것을 최대한 지연시키는 전략을 추진하고 있습니다. 그래서 한국은 미국과 함께 AI 반도체 생태계를 공유하며 동반 성장할 수 있는 전략적 동맹국으로 평가받고 있습니다. 상위 3위에서 12위까지 국가 중에서, AI 반도체 산업 생태계를 갖춘 국가는 한국이 유일합니다. 이러한 강점을 바탕으로 한국은 AI 경쟁에서 핵심적인 역할을 수행할 수 있다고 볼 수 있습니다.

두 번째 핵심 요소는 플랫폼입니다. 생성형 AI를 개발하기 위해서는 방대한 데이터를 학습시켜야 하며, 분야별로 충분한 데이터 확보가 필수적입니다. 따라서 데이터 플랫폼의 주권이 매우 중요합니다. 다행히 한국은 오래전부터 네이버, 카카오와 같은 국내 플랫폼을 기반으로 클라우드 서비스와 데이터 활용 주권을 확보해왔습니다. 즉, AI 학습용 데이터를 국가 차원에서 통제하고 활용할 수 있는 능력을 갖추고 있다는 의미입니다. 또한 KT, SK텔레콤, LG, 삼성 등 국내 주요 기업들도 디지털 플랫폼을 통해 방대한 데이터를 축적해왔습니다. 이는 다른 국가들과 비교할 때 큰 강점으로 작용합니다.

실제로 최근 유럽에서는, 트럼프 정책에 반대 의견을 냈던 국제형사재판소ICC 소속 수석 검사 카림 칸의 마이크로소프트 이메일 계정이 차단되는 사건이 발생했습니다. 이 사건을 계기로 유럽 국가들은 데이터 플랫폼 주권 문제에 큰 관심을 가지게 되었고, 많은 기업이 구글, 마이크로소프트, 아마존 웹 서비스AWS 등 미국 기업에 의존하고 있다는 사실을 뒤늦게 깨닫게 되었습니다. 이로 인해 유럽의 데이터 주권 확보와 소버린 AI 구축 필요성이 급격히 강조되기 시작했습니다. 트럼프가 촉발한 사건이 소버린 AI 논의로 이어지는 계기가 된 셈입니다.

한국 입장에서 데이터 플랫폼 주권은 매우 유리한 자산이며, 생성형 AI 개발에서도 핵심적인 경쟁력이 됩니다. 실제로 네이버는 2021년 5월 생성형 AI '하이퍼클로바HyperCLOVA'를 발표하며, 미국과 중국에 이어 세계 세 번째로 AI를 선보인 바 있습니다. 물론 이후 글로벌 AI 기술이 급속히 발전하면서 한국이 기술력 면에서 여전히 세 번째라고 단정하기는 어렵지만, 계속해서 연구를 강화할 수 있는 데이터 플랫폼을 확보하고 있다는 점에서 앞으로 AI 주권 확보에 유리한 고지를 점했다고 평가할 수 있습니다.

세 번째 핵심 요소는 제조업입니다. 피지컬 AI의 발전을 보면, 결국 제품과 서비스를 모두 연계하여 발전시켜야 한다는 점이 중요합니다. 거의 모든 가전제품, 자동차, 로봇 등은 서로 소통할 수 있는 플랫폼과 이를 구동할 반도체 및 소프트웨어 공급이 필요합니다. 따라서 이미 제조업 경쟁력을 갖춘 국가는 이 영역에서 유리할 수밖에 없습니다.

예를 들어 삼성전자는 갤럭시 S25부터 세계 최초로 온디바이스 AI를 탑재했습니다. 이를 통해 20개국 언어 실시간 번역, 유튜브 영상 속 궁금한 장면 검색, 상품·스토리 추천 기능 등을 제공하며, 향후 모든 제품에 온디바이스 AI가 적용되면 음성 인식과 제품 간 커뮤니케이션이 가능해집니다. 그렇게 되면 집에 가는 길에 자율주행차가 에어컨과 공기청정기를 켜고 로봇에게는 청소를 시킬 수도 있습니다. 이러한 서비스가 실현되려면 제조업, 반도체, 소프트웨어 플랫폼이 연동되는 하나의 생태계가 필요합니다.

중국의 보안 리스크, 한국에게는 기회

현재 이 기반을 갖춘 국가는 중국과 한국뿐입니다. 중국은 제조 경쟁력과 AI 기술에서 한국을 뛰어넘은 것으로 평가되며, AI 분야에서는 이미 한국보다 기술력이 한참 앞서 있습니다. 이러한 점 때문에 일부에서는 한국이 제조업 경쟁에서 밀릴 수 있다는 우려도 제기됩니다. 그렇다면 우리의 자본력이나 인재 육성책으로는 인해전술로 밀어붙이는 중국에 대항하기 어려울까요?

하지만 여기에 보안이라는 빈틈이 있습니다. 미중 패권 전쟁 상황에서 미국은 중국으로 데이터가 넘어가는 문제에 매우 민감합니다. 실제로 트럼프 행정부는 정부 기관에서 화웨이 통신 칩을 탑재한 전자기기 사용을 금지했죠. 이는 앞으로도 지속될 가능성이 큽니다. 즉, 중국 하드웨어와 미국 플랫폼이 협력하여 온디바이스 AI가 탑재된 제품을 글로벌 시장에서 선보이는 것은 쉽지 않을 겁니다. 중국 내에서는 판매하더라도 세계 최대 시장인 미국에서는 중국산 하드웨어를 쉽게 사용할 수 없습니다. 백도어*, 인증 우회, 정보통신망 접근 장치에 무엇이 포함되어 있을지 알 수 없기 때문이죠. 예를 들어 중국의 휴머노이드 로봇에 미국 AI를 설치하면, 로봇이 수집하는 모든 개인 정보가 중국으로 유출될 가능성이 존재합니다. 사용자 데이터에 공산당이 접근할 위험도 배제할 수 없습니다. 실제로 테무가 '우리는 당이 모든 권한을 갖고 있기 때문에 중국 공산당에서 원한다면 데이터를 공개하지 않을 수 없다'라고 발표했습니다. 그것은 사실 중국의 공산당 체제를 이해한다면 누구나 받아들여야 한다는 뜻이기도 하죠. 물론 중국 공산당은 우리가 그런 일을 할 리가 없다고 강변했지만 이미 중국 해커들이 미국으로 수출된 로봇 청소기를 해킹해 개인 영상과 이미지를 불법 사이트에 업로드한 사례가 존재합니다. 이러한 위험요소들을 고려하면, 미국 시장을 상대로 미국의 플랫폼과 중국 제조업이 협력하는 것은 현실적으로 쉽지 않다고 예상할 수 있습니다.

결국 미국의 입장에서 AI 제조업 시대를 함께 열 수 있는 최적의 파트너는 한국이 될 것입니다. 일본은 반도체 산업 기반이 약하고 디지털 전환을 이끌어갈 소프트웨어 인력도 충분치 않습니다. 반면 한국은 반도체, 플랫폼, 제조업이 한 국가 안에서 긴밀히 협업할 수 있는 생태계를 갖추고 있죠. 이 때문에 샘 올트먼, 손정의, 마크 저커버그 같은 글로벌 혁신가들이 꾸준히 한국을 방문해 삼성전자, LG전자, 현대자동차 등 주요 기업들과 미팅을 이어가는 것

---

* 정상적인 보호, 인증 절차를 우회하여 정보통신망에 접근할 수 있도록 정보통신망에 설치되는 프로그램이나 기술적 장치.

입니다.

　카카오 역시 독자적 LLM 개발은 중단했지만 오픈AI와 협력하기로 결정했습니다. 오픈AI 입장에서는 카카오 플랫폼을 통해 확보할 수 있는 5천만 명 이상의 실시간 피드백이 엄청난 장점이 됩니다. AI 기업으로서 성장하려면 사용자들의 피드백과 적극적인 참여가 필수인데, 한국 플랫폼은 미국 기업들에게 매우 매력적인 파트너십 기회를 제공하는 것이죠. 또한 메타에게 인수 제안을 받았던 퓨리오사 AI는 결국 고사하고 LG와 협력해 엔비디아가 아닌 독자적인 칩 기반 AI 생태계 구축에 합류했습니다. 이는 한국 스타트업의 기술력과 가치가 세계적으로 높게 평가되고 있음을 보여주는 사례입니다. 앞으로 한국에서도 이와 같은 글로벌 스타트업이 더 많이 나오길 기대합니다.

　구글이 삼성전자와 협력해 구글 글래스와 프로젝트 무한을 추진하는 이유도 마찬가지입니다. 중국의 화웨이나 샤오미는 기술력, 제조 경쟁력, 가격 경쟁력을 모두 갖추었고 중국 시장을 겨냥하기에도 효율적입니다. 하지만 정치적 리스크 때문에 미국 내 판매가 쉽지 않다는 치명적인 단점을 갖고 있습니다. 따라서 한국이야말로 미국이 안심하고 협업할 수 있는 파트너로 부상하는 것이죠.

　이제 한국은 제조업 기반의 경쟁력을 지키면서 동시에 강점인 문화, 뷰티, 콘텐츠 같은 팬덤 기반 산업을 함께 성장시켜야 합니다. 만약 제조업 경쟁력이 무너진다면 이런 미래 산업 역시 지속 가능하지 않기 때문입니다. 중국의 AI와 제조업이 결합한다면 한국이 직접적인 타격을 받을 가능성이 높습니다. 하지만 AI 전환 시대에 가전, TV, 스마트폰 그리고 이제 반도체까지 중국으로 넘어간다고 해도 중국을 탓할 수 있는 상황은 아닙니다. 역사는 항상 기록을 남기며, 시대 변화의 흐름은 반복됩니다. 과거 우리가 디지털 대전환을 통해 일본 제조업을 약화시킨 것처럼, 이번에는 중국이 우리를 바짝 추격하고 있을 뿐입니다. 그렇기에 지금의 미중 패권 경쟁은 한국에게 남겨진 빈틈이자 절호의 기회입니다. 이 시점에서 한국이 미국과의 동맹을 공고히 하고 제조업과 AI 생태계를 강화한다면, 다가올 AI 시대를 슬기롭게 돌파할 수 있을 것입니다.

다행히 그런 긍정적인 신호들이 점차 나타나기 시작했습니다. 2025년 8월, 테슬라가 삼성전자에 22조 8천억 원 규모의 AI6칩을 주문한 사실은 이를 잘 보여줍니다. 삼성전자는 파운드리foundry** 를 운영하고 있으며, 이는 주문을 하는 기업 입장에서는 매우 중요한 협력 기회입니다. TSMC가 반도체 제작을 독점하게 되면 가격은 상승할 수밖에 없기 때문에, 테슬라는 삼성전자와 협력함으로

** 반도체 산업에서 외부 업체가 설계한 반도체 제품을 위탁받아 생산, 공급하는 공장을 가진 반도체 위탁 생산 업체.

써 이익을 극대화하려는 목적을 갖고 있죠. 앞으로 이런 협력 관계는 계속 강화될 것으로 보입니다.

또한 한국과 미국 간의 관세 협상에서 한화오션을 중심으로 한 조선업이 중요한 역할을 했습니다. MASGA^{Make American Shipbuilding Great Again} 프로젝트의 일환으로, 미국과 협력해 한국이 보유한 조선업 기술로 국방 관련 조선업을 첨단화하는 데 기여하고 있습니다. 이를 통해 우리는 독자적인 길을 가는 것보다 미국과의 협력을 강화하는 전략이 더욱 효과적이라는 점을 확인할 수 있습니다. 이는 앞으로의 협상에서 유리한 위치를 점할 수 있는 중요한 요소가 될 것입니다.

중국은 자국의 제품으로 글로벌 시장을 채우려 하는데 미국은 제조업을 활성화하는 데 계속해서 어려움을 겪고 있습니다. 이런 점을 고려할 때, 한국은 제조업 경쟁력을 지속적으로 강화해서 미국 시장과의 연계를 높이는 것이 AI 전환 시대를 맞이하는 가장 합리적인 전략으로 보입니다. 현대자동차 역시 2025년 3월 26일 미국에 새로운 메타플랜트 아메리카^{HMGMA} 생산 기지를 준공했습니다. 이 공장의 연간 생산량은 30만 대로, 생산직 직원 수는 울산 공장의 3분의 1인 880명에 불과합니다. 나머지 제조와 검사 업무는 1천 대의 로봇을 활용해 수행하고 있습니다. 더욱 놀라운 점은, 현대자동차가 보스턴 다이내믹스가 만든 휴머노이드 로봇 올 뉴

아틀라스를 활용해 AI와 로봇, 드론 등 디지털 기술을 결합하여 무인 공장화를 추진하고 있다는 점입니다. 이는 미국 시장에서 AI와 무인화의 도입으로 제조업 경쟁력을 가속화할 수 있는 중요한 전환점이 될 것입니다.

이런 적극적인 자동화 도입은 미국이라 가능한 것이 사실입니다. 한국 내에서는 노조가 수용하기 힘든 조건들이 존재하기 때문에 실행하기 어려운 부분이 있습니다. 그러나 전 세계적으로 공장 자동화는 피할 수 없는 흐름입니다. 테슬라나 BYD와 같은 글로벌 자동차 기업들은 이 흐름을 이미 따르고 있으며, 기업의 생존을 위해선 반드시 필요한 길입니다. 이미 자동차 조립 공정에서 가장 많은 로봇을 활용하며 효율화를 실현한 기업이 바로 현대자동차입니다. 이러한 기술을 더욱 확산시켜나가는 데 유리한 입장에 있습니다.

결국 치열한 경쟁 끝에 국제적인 경쟁력을 확보하는 것이 기업의 생존을 결정짓는 중요한 요소가 될 것입니다. 현대자동차의 메타플랜트 아메리카는 이러한 변화의 방향성을 가늠할 수 있는 핵심 시험 무대가 될 것으로 예상됩니다. 이 공장은 단순한 생산 거점을 넘어, 전기차 시대를 맞은 글로벌 자동차 산업이 어떤 방식으로 공급망을 재편하고 제조 혁신을 이루어가는지 보여주는 상징적 사례가 될 것입니다.

또한 미국 내 대규모 투자는 북미 시장에서의 브랜드 위상을 강화하는 동시에, 현지 생산을 통한 비용 효율화·정책 대응·품질 관리 측면에서 중요한 의미를 지닙니다. 완성차 제조의 자동화 수준, 협력사 생태계 구축, 지역사회와의 조화 같은 요소들이 성공적으로 진전된다면, 이는 향후 다른 글로벌 기업들이 선택할 제조 전략의 방향에도 적지 않은 영향을 미칠 것입니다.

11장 요약

중국의 휴머노이드 로봇
- 상하이자동차-GM '포러너 K2' 제조라인 투입
- 세계 최초 로봇 하프마라톤 대회

자율주행 상용화 가속
- 미국 테슬라: 로봇택시 서비스 시작, 자율배송 성공
- 중국 리 오토: 파킹 투 파킹, 엔드 투 엔드 완전자율주행 실현

글로벌 AI 인덱스 순위
1위 미국(압도적 우위), 2위 중국, 3위 싱가포르, 4위 영국, 5위 프랑스, 6위 한국

한국의 3대 핵심 인프라
- 반도체: 상위 12개국 중 AI 반도체 생태계 보유국은 한국이 유일
- 데이터 플랫폼: 네이버, 카카오 등 국내 플랫폼으로 데이터 주권 확보
- 제조업: 반도체-플랫폼-제조업 연동 생태계 완비 (중국과 한국만 보유)

한국이 노려야 할 전략적 기회
❶ 보안 이슈로 인한 중국 견제
- 미국 시장에서 중국 하드웨어 사용 제한
- 테무 "중국 공산당 요구 시 데이터 공개 불가피" 발언

❷ 글로벌 기업들의 한국 러브콜
- 테슬라 → 삼성전자 22조 8천억 원 AI칩 주문
- 한화오션 MASGA 프로젝트로 미국 조선업 첨단화 기여

> "한국은 미국과의 전략적 협력을 통해
> AI 시대 핵심 파트너로 자리 잡아야 한다"

GLOBAL AI TREND

4부

메타 인더스트리와 팬덤 경제

12

국경이 사라진 산업, 메타 인더스트리

디지털 전환이 본격적으로 시작된 21세기 초반부터, 전 세계는 기존의 산업 구조와 전혀 다른 새로운 형태의 경제 질서를 경험하기 시작했습니다. 과거 미디어 환경은 방송, 신문, 라디오, 잡지와 같은 전통적 매체가 지배했으며, 이들은 자본과 인프라를 가진 일부 거대 기업과 국가 중심의 규제 속에서 운영되었습니다. 정보와 콘텐츠가 전달되는 경로는 일방적이었고, 소비자는 주어진 채널을 통해서만 콘텐츠를 접할 수 있었습니다. 그러나 인터넷의 확산과 스마트폰의 대중화, 그리고 글로벌 네트워크의 연결성은 이 질서를 근본적으로 뒤흔들었습니다.

특히 유튜브, 넷플릭스, 틱톡과 같은 플랫폼의 등장은 콘텐츠 생산과 소비 구조를 완전히 재편했습니다. 소비자는 더 이상 방송사가 정해놓은 시간과 순서에 맞춰 콘텐츠를 수동적으로 시청하지 않습니다. 대신 스스로 원하는 콘텐츠를 언제 어디서든 선택할 수 있게 되었습니다. 이는 권력의 중심이 '매체를 통제하는 기업'에서 '선택권을 가진 소비자'로 이동하는 대전환이었습니다. 바로 이러한 흐름 속에서 메타 인더스트리Meta Industry라는 새로운 개념이 태동합니다.

메타 인더스트리는 기존의 국경과 언어, 문화적 장벽을 초월한 디지털 기반의 산업 생태계를 의미합니다. 전통적 산업이 특정 국가의 법, 제도, 언어, 물리적 공간에 종속되어 있었다면, 메타 인더스트리는 인터넷과 AI를 기반으로 전 세계를 하나의 무대로 묶어냅니다. 즉, 콘텐츠나 상품이 특정 지역에서 생산되더라도 그것은 즉시 글로벌 소비자에게 전달되고, 소비자는 자신이 원하는 방식으로 이를 향유합니다.

권력이 매체에서 소비자로 이동하다

메타 인더스트리가 전 세계적으로 자리를 잡게 된 것은 단일 사건의 영향이 아니라 여러 변화가 중첩되며 이루어진 결과물입니다. 먼저 디지털 플랫폼의 글로벌화입니다. 유튜브, 틱톡, 넷플릭스와 같은 플랫폼은 출발은 지역적이었지만 빠른 속도로 전 세계 시장으로 확장되었습니다. 이들 플랫폼은 번역, 자막, 알고리즘 추천 시스템을 통해 언어와 문화의 장벽을 무너뜨렸고, 전 세계의 사용자를 단일 생태계 안으로 끌어들였습니다.

플랫폼에 전 세계 이용자들이 모이면서 넘치는 수요에 대응하기 위해 고효율의 AI 기술이 발전했습니다. AI는 개인화 추천, 자동 번역, 영상 편집, 이미지 생성 등 다양한 기능을 통해 소규모 창작자들도 전 세계 시장을 공략할 수 있는 무기를 제공했습니다. 과거에는 수백 명이 필요했던 콘텐츠 제작이 이제는 소수의 인력, 심지어 개인 단위에서도 가능해졌습니다. 이 과정에서 비용은 대폭 절감되었고, 글로벌 진출의 장벽은 사라졌습니다.

그리고 완성된 콘텐츠는 소셜 네트워크 기반으로 빠르게 확산되어 나갔습니다. 소비자는 단순히 콘텐츠를 소비하는 데서 그치지 않고, 이를 공유하고 재생산하면서 새로운 가치를 만듭니다. 밈meme, 팬아트, 리믹스 영상 등은 원작 콘텐츠의 영향력을 증폭시키며, 국경을 초월한 확산 경로를 만들어냅니다. 디지털 세대는 전통적 매체에 비해 압도적으로 많은 선택지를 가지고 자랐습니다. 이들은 국가가 정해준 교육 과정이나 방송사가 편성한 프로그램보다, 자신이 직접 발견하고 고른 콘텐츠에 더 큰 애착을 갖습니다.

이 소비 패턴이 곧 메타 인더스트리의 핵심 동력이 됩니다.

메타 인더스트리의 핵심 특징은 다음과 같습니다.

- 무경계성 Borderlessness: 전통적 제조업은 원자재 조달, 생산, 유통, 판매가 모두 물리적 공간과 국경의 제약을 받았습니다. 하지만 메타 인더스트리에서는 아이디어 하나만으로도 글로벌 비즈니스가 가능합니다. 영국의 1인 게임 개발자가 만든 모바일 게임이 중국에서 폭발적 인기를 얻어 수백억 원의 수익을 창출하는 것이 더 이상 놀라운 일이 아닙니다.
- 실시간성 Real-time Connectivity: 과거에는 해외 시장에 진출하려면 현지 법인 설립, 유통업체 확보, 마케팅 채널 구축 등 복잡한 과정이 필요했습니다. 메타 인더스트리에서는 플랫폼을 통해 즉시 글로벌 고객과 연결됩니다. 유튜브 크리에이터는 영상을 업로드하는 순간 전 세계 시청자에게 도달하고, 온라인 강의는 시차를 무시하고 24시간 언제든 수강할 수 있습니다.
- 창작자 경제의 민주화 Creator Economy Democratization: 메타 인더스트리에서는 거대 기업이 아닌 개인 창작자도 글로벌 브랜드가 될 수 있습니다. 인플루언서, 유튜버, 온라인 교육 강사, NFT 아티스트 등이 전통적 중간 유통업체 없이 직접 소비자와 연결되어 수익을 창출합니다. 이는 경제적 가치 창출의 구조를 근본적으로 바꾸고 있습니다.

또한 메타 인더스트리는 콘텐츠 산업에 국한되지 않습니다. 패션, 게임, 교육, 금융, 헬스케어 등 다양한 분야가 디지털 플랫폼을 통해 연결되며, 기존에 분리되었던 산업 경계가 허물어집니다. 이렇게 산업이 융합되고 경계가 사라질수록, 이용자와 소비자의 참여는 단순한 소비를 넘어 관계와 경험의 차원으로 확장됩니다. 메타 인더스트리의 진정한 힘은 팬덤 경제로의 확장에서 드러납니다. 과거 팬덤은 주로 특정 국가, 특정 언어권 안에서 형성되었습니다. 그러나 지금의 팬덤은 국경과 문화를 초월해 글로벌 네트워크를 기반으로 형성됩니다.

K-팝이 증명한 팬덤 경제의 힘

K-팝을 예로 들어보죠. 한국에서 만들어진 음악 콘텐츠가 유튜브, 틱톡, 스트리밍 플랫폼을 통해 전 세계로 퍼지고, 세계 각국의 팬들이 자발적으로 자막을 달아서 콘텐츠를 확산시킵니다. 팬들은 소비자이면서 동시에 공동 생산자가 됩니다. 이 과정에서 MD, 공연, NFT, 온라인 팬미팅 등 다양한 부가가치가 창출됩니다. 이와 같은 구조는 이제 음악에만 국한되지 않습니다. 영화, 드라마, 웹툰, 게임, 크리에이터 등 다양한 분야에서 글로벌 팬덤이 형성되고, 이들이 거대한 경제적 파급력을 만들어냅니다. 바로 이것이 메

타 인더스트리가 팬덤 경제와 결합하며 만들어내는 새로운 질서입니다.

메타 인더스트리의 등장은 인류 사회의 권력 이동과 경제 질서의 변화를 상징하는 현상입니다. AI와 디지털 플랫폼의 발전은 창작과 소비의 경계를 허물었고, 개인과 기업 모두에게 글로벌 무대를 열어주었습니다. 국경 없는 시장에서 소비자의 선택은 곧 권력이 되었으며, 팬덤은 산업을 움직이는 핵심 엔진으로 부상했습니다.

앞으로 메타 인더스트리는 더욱 정교한 AI와 블록체인, 메타버스 기술과 결합하면서 새로운 국면을 맞이할 것입니다. 이는 산업적 변화에서 시작하여 인간의 삶의 방식과 문화적 정체성까지 바꾸어놓는 대전환을 예견합니다. 그리고 그 중심에는 국경 없는 디지털 세대와, 그들이 만들어내는 거대한 팬덤 네트워크가 자리하게 될 것입니다.

○ 12장 요약 ○

권력 구조의 대전환
- 매체 통제 기업 → 선택권 가진 소비자
- 유튜브·넷플릭스·틱톡 플랫폼 중심 생태계
- 소비자 능동적 선택권: 언제든지 원하는 콘텐츠

메타 인더스트리란?
국경·언어·문화적 장벽을 초월한 디지털 기반 산업 생태계

핵심 특징 3가지
- 무경계성: 아이디어만으로 글로벌 비즈니스
- 실시간성: 플랫폼 통해 즉시 전 세계 연결
- 창작자 경제 민주화: 개인도 글로벌 브랜드, 중간업체 없이 직접 판매

형성 요인
- 플랫폼 글로벌화: 번역·자막·알고리즘으로 언어 장벽 해소
- AI 기술: 개인 단위 제작으로 진입장벽 대폭 하락
- SNS 확산: 밈·팬아트로 국경 초월 바이럴

팬덤 경제 사례: K-팝
- 확산 구조: 한국 음악 → 유튜브·틱톡 → 세계 각국 팬들 자발적 번역·확산
- 경제 효과: MD·공연·NFT·온라인 팬미팅 등 다층적 부가가치 창출

> 국경 없는 디지털 세대와 거대 팬덤 네트워크가
> 새로운 문명의 중심축이 되고 있다

13

'구독'과 '좋아요'가 만드는 팬덤 경제

AI만 잘한다고 해서 모두가 성공할 수 있을까요? 세상은 그렇게 단순하지 않습니다. 'AI 기술만 잘 활용하면 모든 비즈니스가 성장하고 산업 생태계가 자동으로 발전할 것이다'라는 예측은 현실과 다릅니다. 역사 속에서도 그 증거를 쉽게 찾을 수 있습니다.

2000년 닷컴 버블이 붕괴되면서 약 80퍼센트의 인터넷 기업이 파산했습니다. 심지어 당시 인터넷 기술을 선도하며 주목받았던 기업들조차 살아남지 못했습니다. AI 산업도 지금 비슷한 상황에 놓여 있습니다. 주목을 받으며 막대한 투자가 이어지고 있지만, 아직 뚜렷한 수익 모델을 만들어내지 못한 기업이 많습니다. 인터넷 초창기에도 플랫폼 사업이 빠르게 성장했지만 매출은 부족했고,

사용자만 모여드는 현상이 이어졌습니다. AI 혁명 역시 어느 순간 버블이 꺼지듯 정리되는 과정을 거칠 것이라는 전망이 지배적입니다. 지금은 기술 경쟁이 치열하지만, 기술이 일상화된 뒤에 생존을 결정짓는 요인은 무엇일까요? 바로 팬덤입니다. 소비자의 선택과 충성도가 곧 생존의 기준이 되었고, 이를 요약해 '팬덤 경제'라고 부르게 되었습니다. 오늘날 구독자 수, 좋아요 수가 기업과 창작자의 경쟁력을 상징하는 이유도 여기에 있습니다.

팬덤 경제의 대표적 사례가 테슬라입니다. 일론 머스크는 사업 초기부터 전통적 의미의 광고를 하지 않았고, 이 때문에 언론으로부터 비판을 받기도 했습니다. 그러나 머스크는 광고란 방송과 지면에서 돈으로 사는 것이 아니라, 고객의 팬덤을 통해 만들어지는 것이라고 확신했습니다. 그는 SNS를 통해 직접 소비자와 소통하며 기술 개발 과정을 공유했고, 디지털 세대가 자연스럽게 테슬라의 팬이 되도록 문화를 주도했습니다. 테슬라는 소비자의 SNS에 올라온 시승 영상 자체가 가장 강력한 광고가 되는 구조를 만들었습니다. 실제로 20년 넘게 TV 광고비 지출이 거의 없었기에 수십조 원에 달하는 비용을 절감할 수 있었고, 그 자금을 자율주행, 휴머노이드 로봇, 스타링크 같은 미래 프로젝트에 과감히 투자할 수 있었습니다. 그 결과 테슬라는 지금 시대 가장 주목받는 혁신 기업 중 하나로 성장했습니다. 무엇보다 중요한 것은, 이 모든 성장을 떠받친 것이 바로 팬덤이라는 점입니다. 테슬라 팬덤은 현재도 견고하게 유지되고 있으며, 향후 자율주행과 휴머노이드 로봇이 상용화된다면 이 팬덤은 테슬라를 세계 최고의 기업으로 만드는 결정적 힘이 될 것입니다.

50억 달러를 움직인 스위프트노믹스

이제 기업들은 TV 광고나 레거시 미디어를 통한 전통적 방식의 홍보보다는, 실제 제품을 사용해본 고객의 경험이 자연스럽게 팬덤을 형성하도록 유도하는 전략으로 전환하고 있습니다. AI 시대에는 이러한 트렌드가 더욱 강화될 것으로 보입니다. 이미 다양한 글로벌 기업들이 팬덤을 만드는 데 막대한 노력을 기울이고 있으며, 그 대표적인 현상이 테일러 스위프트가 만들어낸 '스위프트노믹스Swiftnomics'입니다.

스위프트노믹스란 테일러 스위프트가 일으킨 경제적 파급 효과를 가리키는 신조어로, 음악 산업에 국한되지 않습니다. 그의 2023~2024년 투어는 미국 경제에만 약 50억 달러 이상 기여한 것으로 분석되었으며, 일부 도시에서는 경기 부양 효과 때문에 지방정부가 '테일러 스위프트 데이'를 선포할 정도였습니다. 〈CNN〉,

〈뉴욕타임스〉, 〈블룸버그〉 등 주요 언론은 이 현상을 집중 보도했고, 학계에서도 스위프트노믹스를 주제로 논문과 서적이 잇따라 출간되고 있습니다.

즉, 스위프트노믹스는 팬덤이 단순한 문화 현상을 넘어 지역 경제와 나아가 국가 경제를 움직이는 새로운 동력이 될 수 있음을 보여주는 대표적 사례입니다. 안타까운 것은 한국이 K-팝, K-드라마, K-웹툰, e스포츠 등 세계적으로 강력한 팬덤을 보유하고 있음에도 불구하고, 그 경제적 파급력을 우리 스스로 충분히 인지하거나 전략적으로 활용하지 못하고 있다는 점입니다.

앞으로의 경제에서는 팬덤이 핵심 축을 차지하고, 국경을 초월한 메타 시장이 새로운 시장 생태계를 결정할 것입니다. 디지털 세계의 MZ세대는 국적, 언어, 문화 차이를 넘어 하나의 세계관에 기반한 통합된 시장을 형성하고 있으며, 이미 20억 명 이상의 소비자가 이러한 소비 행태에 동참하고 있습니다. 이들은 구독, 좋아요, 댓글 형태로 새로운 시장 변화를 주도합니다. 한국인들도 국가 경계를 의식하지 않고 유튜브, 넷플릭스, 아마존, 알리익스프레스, 라인, 틱톡, 그리고 AI까지 글로벌 플랫폼을 필요에 따라 자유롭게 사용합니다. 이런 소비 행태는 실제 데이터로도 분명히 드러납니다. 틱톡, 유튜브 쇼츠 등 숏폼 콘텐츠는 10~20대 중 75.5퍼센트가 시청 경험이 있을 정도로 일상화되었습니다. 알리익스프레스와 테무 같은 중국계 쇼핑 플랫폼도 2023년부터 이용자가 급증하면서 국내 이커머스 이용자수 3, 4위를 차지하고 있습니다.

K-웹툰의 고속 성장

가장 눈에 띄는 영역은 만화 콘텐츠 산업입니다. 디지털 기반의 한국 웹툰은 세계 150개국에서 인기를 누리며 1위를 차지한 네이버 웹툰과 2위의 카카오 웹툰을 중심으로 글로벌 팬덤을 견고하게 형성하고 있습니다. 한국콘텐츠진흥원에 따르면, 2021년 웹툰 시장 규모는 약 1.57조 원에 달했으며, 웹툰 산업 전체 글로벌 시장은 약 37억 달러 규모에서 2030년엔 약 561억 달러로 성장할 전망입니다. 모바일 중심 소비와 MZ세대 선호 덕분에 웹툰은 고속 성장 중입니다.

대표적인 글로벌 인기작으로는 웹소설을 원작으로 한 〈나 혼자만 레벨업〉을 들 수 있습니다. 이 작품은 한국에서 연재를 시작해 빠르게 해외 팬덤을 확보했으며, 일본, 미국, 유럽 등 전 세계 독자층을 형성했습니다. 웹툰은 누적 조회 수가 수십억 회를 기록했고, 영어판은 출시 직후 미국 아마존과 애플북스 웹툰 부문 1위를 차지하기도 했습니다. 2024년에 일본 애니메이션 제작사 A-1 픽처스가 애니메이션으로 제작해 방영하면서 글로벌 인지도가 더욱 확산되었고, MD, 게임, 영상화 판권 등 다양한 2차 저작물 산업으로 확장되었습니다. 〈나 혼자만 레벨업〉의 성공은 원천 IP를 글로벌 엔터테인먼트 산업으로 확장하는 한국식 팬덤 경제의 대표 사례로 평가됩니다. 한국 웹툰이 전 세계에서 영화·드라마·애니메이션 산업과 맞물려 강력한 부가가치를 창출하는 구조적 변화를 보여준 것입니다.

넷플릭스 파도를 제대로 올라탄 K-드라마

웹툰 팬덤이 드라마·영화 제작으로 자연스럽게 이어지면서 예컨대 넷플릭스와 같은 글로벌 플랫폼에서 K-드라마의 인기 역시 실증되고 있습니다. 2023년 이후 한국 콘텐츠는 넷플릭스에서 미국 콘텐츠를 제외하면 가장 인기 있는 콘텐츠로 자리 잡았습니다. 전체 시청 시간의 8~9퍼센트를 차지해, 영국(7~8퍼센트)이나 일본(4~5퍼센트)을 앞섰습니다. 또한 넷플릭스 비非미국 콘텐츠 TOP 500 중 85편(17퍼센트)이 한국 콘텐츠였습니다. 이처럼 K-콘텐츠는 팬덤 기반의 경제 구조를 만들어내며, 디지털 생태계에서 경쟁력을 확보하고 있습니다.

2025년 6월 마지막 주에는 넷플릭스 드라마 부문에서 〈오징어 게임 3〉가 세계 1위를 차지하며 큰 화제를 모았습니다. 일반적으로 시리즈의 후속작은 시청률이 감소하는 경향이 있지만, 〈오징어 게임 3〉는 예외를 보여주었습니다. 시즌 3가 공개된 지 하루 만에 93개국에서 넷플릭스 TV 프로그램 부문 1위에 올랐으며, 이후에도 4주 연속으로 전 세계 1위를 유지하며 글로벌 흥행을 이어갔습니다. 이러한 성공은 K-콘텐츠의 글로벌 위상을 다시 한 번 입증하는 사례로 평가됩니다. 〈오징어 게임〉 시리즈는 전 세계에서 총 35억 시간 이상 시청되며, 글로벌 시장에서 한국 콘텐츠의 영향력을 확고히 했습니다.

비슷한 시기인 2025년 6월 20일, 넷플릭스에서 공개된 애니메이션 영화 〈케이팝 데몬 헌터스 KPop Demon Hunters〉는 단숨에 전 세계적인 문화 현상으로 자리매김했습니다. 이 작품은 개봉 일주일 만에 2360만 뷰를 기록하며 넷플릭스 역사상 가장 많이 본 영화로 등극했습니다.

이 영화의 감독인 강지민 Maggie Kang은 한국에서 태어나 5살에 캐나다 토론토로 이민 간 한국계 캐나다인입니다. 어린 시절부터 매년 방학마다 한국을 방문하며 한국 문화에 깊은 애정을 쌓았고, 이러한 경험은 그가 한국적인 요소를 담은 애니메이션을 만들겠다는 꿈을 키우는 데 큰 영향을 미쳤습니다. 그는 셰리던대학교에서 고전 애니메이션을 전공한 후, 드림웍스 애니메이션에서 다양한 프로젝트에 참여하며 경력을 쌓았습니다. 강 감독은 9년 동안 이 영화를 구상하고 대본을 준비하며, 한국 신화와 K-팝을 결합한 독특한 세계관을 창조했습니다. 이러한 노력은 영화의 시각적 스타일과 문화적 정체성에 깊은 영향을 미쳤습니다. 이후 〈케이팝 데몬 헌터스〉의 대본을 세밀하게 준비하며 수많은 투자자와 제작사에게 영화 제작 참여를 설득했고, 결국 9년 만에 미국 소니 픽처스의 투자를 받아 본격적으로 영화 제작을 시작할 수 있었습니다.

이 영화는 감독과 프로듀서를 비롯해 소품, 작곡, 음악 감독, 성우 등 제작의 핵심 인력이 모두 한국인 또는 한국계 교포로 구성되어 있습니다. 그래서 누구보다도 한국의 문화적 요소를 세밀하게 살릴 수 있었습니다. 영화 속 장면들은 남산타워, 낙산공원, 잠실과 강변공원, 안동 하회마을 등 실제 장소를 참고하여 디테일을 구현했고, 음식과 생활 방식 등 한국적 요소도 꼼꼼하게 담아냈습니다. 특히 영화 속 호랑이와 눈이 6개인 까치는 조선시대 호작도를 기반으로 디자인되어 큰 인기를 끌고 있습니다. 주인공 K-팝 걸그룹 '헌트릭스'가 컵라면, 김밥, 과자를 먹는 장면은 한국적인 일상을 강조하는 장치입니다. 이러한 디테일이 지나치게 한국적이라는 이유로 소니 픽처스 내 일부 중국계 매니저로부터 수정 권고를 받았지만, 강지민 감독은 이를 고수하며 영화를 완성했습니다. 이 과정에서 갈등을 견디지 못한 일부 제작진은 회사를 떠나기도 했고요.

이 영화는 원래 소니 픽처스 애니메이션에서 제작하였으나, 팬데믹으로 극장 개봉이 불확실해지자 넷플릭스에 판권을 판매하였습니다. 넷플릭스는 이 영화를 제작한 모든 스태프를 다시 고용해 2편과 3편, 후속작을 이어갈 계획을 발표했습니다. 또한 최근에는 인기에 힘입어 본격적으로 관련 MD 산업도 시작하겠다고 밝혔습니다.

이 영화는 전 세계가 열광하는 새로운 하나의 문화 현상으로까지 기록되었습니다. OST도 영국 빌보드 차트 1위를 기록하는 성과를 냈습니다. 이는 13년 전 싸이의 〈강남스타일〉 이후 K-팝으로는 처음 있는 일입니다. 더불어 스포티파이 음원 차트에서 2위를 기록하며, 우리나라 가수들도 아직 달성하지 못한 기록을 세웠고, 빌보드 핫100에서도 1위에 오르면서 애니메이션 가수가 부른 영화 OST로 세계 최고 기록을 달성했습니다. 이러한 성과는 한국 문화에 대한 글로벌 팬덤의 강력한 힘을 〈케이팝 데몬 헌터스〉가 보여준 사례라 할 수 있습니다. 결국 AI가 나아가야 할 방향 역시 강력한 팬덤을 창출하는 데 있으며, 어떤 사업이든 기획 단계에서부터 팬덤을 만들어낼 수 있는 전략을 중심으로 설계해야 합니다.

〈강남스타일〉에서 〈아파트〉까지, K-팝이 만든 세계

2012년, 싸이의 〈강남스타일〉이 전 세계에서 폭발적인 인기를 얻으면서 소위 K-팝이라는 문화가 본격적으로 싹 트기 시작했습니다. 그 이후 하이브의 BTS, YG의 블랙핑크 등 다양한 아티스트들이 각기 다른 팬층을 확보하며 K-팝은 하나의 장르로 자리 잡았습니다. 〈케이팝 데몬 헌터스〉와 같은 콘텐츠 외에도 블랙핑크의 로제가 〈아파트〉를 유행시키면서 전 세계 청년들이 한국의 술 게임 문화에 빠지기도 했습니다.

K-팝 팬덤은 국경과 언어, 문화적 차이를 초월해 글로벌 시장을 형성한다는 점에서 의미가 있습니다. 팬들이 구독과 좋아요, 댓글 등 디지털 활동을 통해 콘텐츠와 산업 전반에 유의미한 변화를 만들어내면서, 음악 산업을 넘어 관광, 패션, 뷰티, MD, 디지털 플랫폼 등 다양한 산업의 경제적 성장을 견인할 수 있는 기반을 마련합니다. 스위프트노믹스가 미국 경제에 미친 영향을 참고하면, K-팝 팬덤 역시 글로벌 경제와 산업 생태계를 변화시키는 강력한 자산으로서, 앞으로 더욱 다양한 산업과 연계된 경제적 가치를 만들어낼 것으로 기대됩니다.

안타까운 점은, 아직도 우리가 이를 단지 엔터테인먼트 기업의 비즈니스 영역으로만 국한되어 바라보고 있다는 사실입니다. 아이돌이 어떻게 육성되고, 기업이 수익을 창출하며 다음 세대를 기획하는지에만 주목할 뿐, 이 새로운 팬덤을 하나의 거대한 세계관으로 보고 다양한 산업과 연계하는 전략까지는 고려하지 못하고 있습니다. 이런 점이 우리가 아직 충분히 갖추지 못한 역량이 아닐까 생각됩니다. 단적으로 〈케이팝 데몬 헌터스〉 제작에 투자한 기업이 일본 소니의 자회사인 소니 픽처스입니다. 우리 기업들은 성공 가능성을 낮게 보고 투자를 거절한 것이죠.

음식이 엔터테인먼트가 되는 순간

K-팬덤은 드라마와 영화의 인기를 등에 업고 구체적으로 다양한 제조업으로까지 확장되는데요. 대표적인 분야가 2024년, 2025년을 뜨겁게 달궜던 한국의 K-푸드입니다. 김밥이 미국에서 크게 성장을 하게 된 건 2023년 1월 넷플릭스에서 방영된 〈더 글로리〉의 주연을 맡은 송혜교가 김밥을 먹기 시작하면서였고요. 김밥에 관한 영상이 유튜브나 틱톡을 통해서 엄청난 속도로 번져나갔습니다. 특히 틱톡에서 해시태그 김밥 태깅 수는 13억 회를 돌파하게 되고 이를 눈여겨본 트레이더 조Trader Joe's라는 미국의 식품 유통업체에서 한국에 직원을 파견해서 냉동김밥을 소싱해오게 하

죠. 그래서 한국의 K-푸드 박람회에서 경상북도 구미의 올곤이라는 냉동김밥 회사 대표를 만나 230톤의 미국 수출이 실현됩니다.

사실 수출 당시에도 걱정이 많았다고 하죠. 아무리 대형 마트에 유통하더라도 엄청난 광고비를 투자하는 대기업이 아니기에 김밥이 어떤 상품인지 설명을 하거나 고객들에게 김밥이 입고되었다고 홍보를 할 수도 없었기 때문입니다. 그런데 걱정할 필요가 없었습니다. SNS에서 '드디어 한국의 김밥이 왔다' 그리고 '그 김밥이 너무 맛있더라' 하는 리뷰가 순식간에 번지면서 불과 한 달 만에 전부 다 매진이 되어버렸고 2024년에는 놀랍게도 주문이 2300톤으로 10배가 폭등하는 현상이 벌어집니다. 이를 계기로 우리나라의 대형 냉동식품 기업들까지 전부 김밥을 수출하면서 미국 내에 김밥 수출이 엄청나게 증가하게 되는데요. 그럼에도 불구하고 기존에 SNS를 통해 팬덤을 확보한 중소기업 브랜드들은 여전히 강력한 경쟁력을 유지하면서 당당히 시장에서 성공할 수 있는 기틀을 마련하게 됐습니다.

마찬가지로 2025년에 가장 두드러지는 K-푸드는 삼양식품 불닭볶음면의 선전이었습니다. 불닭볶음면은 글로벌 소비자 경험을 대표하는 한류 식품으로 자리매김했습니다. 그 출발점은 유튜브를 중심으로 한 'Fire Noodle Challenge' 열풍이었습니다. 해외 유튜버들이 불닭볶음면을 먹으며 매운맛에 도전하는 영상을

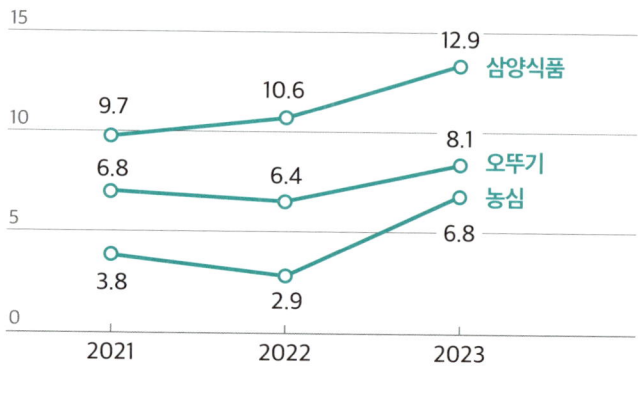

라면 3사 영업이익률

제작·공유하면서 제품은 엔터테인먼트와 결합된 체험형 콘텐츠로 확산되었습니다. 이는 소비자에게 단순한 음식이 아닌 놀이와 도전의 문화로 인식되게 만들었습니다. 그 결과 불닭볶음면은 동남아시아, 미국, 유럽을 비롯한 100여 개국 이상으로 수출되었으며, 삼양식품 매출의 절반 이상을 해외에서 발생하게 만든 글로벌 브랜드로 성장했습니다. 불닭볶음면의 사례는 디지털 플랫폼을 통한 바이럴, 팬덤적 소비문화, 현지화된 제품 전략이 결합해 만들어 낸 K-푸드의 대표적 성공 모델로 평가할 수 있습니다. 불닭볶음면은 여전히 많은 기업과의 경쟁 구도에서도 우위를 누리면서 결국 삼양식품의 기업 이익이 국내에서 농심을 누르고 폭발적으로 증가했고 그 결과 시가총액이 농심의 2배에 달하는 멋진 실적을 올리게 됩니다. 이것이 20억 명의 팬덤이 만드는 진정한 권력이자 마케팅 파워라고 얘기할 수 있죠.

72개국 TOP5에 오른 K-게임의 힘

제가 항상 언급하는 게임 분야에서도 여전히 우리나라의 게임 팬덤이 지배적인 영향력을 갖고 있고 앞으로도 확산되지 않을까 생각합니다. 한국의 게임 산업은 이제 경제적, 문화적 영향력까지 확대된 전략 산업으로 자리 잡았습니다. 1990년대 PC방 문화와 온라인 게임 붐을 시작으로, 한국은 〈리그 오브 레전드〉, 〈메이플스토리〉, 〈배틀그라운드〉와 같은 글로벌 인기 게임을 배출하며 세계 시장에서 경쟁력을 확보했습니다. 특히 모바일 게임 시장의 급성장과 함께 〈리니지〉, 〈검은사막〉, 〈오딘〉 등 다양한 장르의 게임이 해외에서도 흥행에 성공했고, 이는 한국 게임의 글로벌 인지도를 높이는 계기가 되었습니다.

한국콘텐츠진흥원 자료에 따르면 2023년 세계 게임 시장에서 한국의 시장점유율 순위는 미국, 중국, 일본 다음인 4위를 차지했으며, 2025년에는 약 100억 달러 이상으로 성장할 전망입니다. 이러한 성장은 국내 '빅4'인 크래프톤, 넥슨, 넷마블, 엔씨소프트가 주도하고 있습니다. 크래프톤의 〈배틀그라운드 모바일〉은 21개국에서 매출 1위, 72개국 TOP5 등 글로벌 흥행에 성공했고, 넷마블은 전체 매출의 79퍼센트를 해외에서 올리며 높은 해외 의존도를 보여주고 있습니다.

이처럼 한국 게임 산업은 초기 온라인 게임 문화에서 출발해 모바일 플랫폼과 글로벌 시장 확장으로 이어지는 진화를 거치며, 이제는 세계 게임 산업의 핵심 플레이어로 자리 잡았습니다. 앞으로도 다양한 장르와 플랫폼을 아우르는 혁신적 시도로 글로벌 영향력을 더욱 확대할 것으로 기대됩니다.

입소문만으로 글로벌 브랜드가 된 K-뷰티

현재 가장 빠르게 성장하는 분야는 K-뷰티입니다. 아모레퍼시픽, LG생활건강, 애경산업과 같은 전통적 대기업과 별개로, 2025년부터 인디 화장품 브랜드들이 눈에 띄게 성장하고 있습니다. 대표적인 사례가 APR입니다. 1988년생인 김병훈 대표와 이주광 대표가 공동 창업한 이 회사는 시가총액 기준으로 이미 LG생활건강을 제치고 아모레퍼시픽에 이어 대한민국 2위 뷰티 기업으로 성장했습니다. 시가총액은 6조 6천억 원을 훌쩍 넘었습니다.

APR의 주력 상품은 휴대용 피부 미용 기기입니다. 메디큐브 에이지알^AGE-R 홈 뷰티 디바이스가 SNS를 통해 입소문을 타면서 소비자 사이에서 인기를 끌었고, 이를 기반으로 다양한 화장품과 액세서리를 함께 판매하며 매출을 급격히 확대했습니다. 기존의 TV 광고나 레거시 미디어에 의존하지 않고, SNS와 팬덤 기반의 확산 전략만으로 성공을 거둔 것입니다. 더욱 주목할 점은, 한한령으로 인해 중국 시장으로 진입하기가 어려울 것으로 예상되었지만 APR은 새로운 판매 및 마케팅 전략으로 중국뿐만 아니라 미국과 유럽 시장까지 공략하며 탁월한 실적을 거두었다는 점입니다.

이러한 성과의 배경에는 한국 대중문화에 대한 글로벌 팬덤이 자리 잡고 있었습니다. 또한 코스맥스, 한국콜마와 같은 과학기술 기반 제조 역량과 데이터 분석 능력이 뒷받침되어, 직접 제조 시설을 갖추지 않아도 고품질 제품을 글로벌 시장에 선보일 수 있는 기반이 있었습니다.

또 다른 사례로 마케팅 전문 기업 구다이 글로벌은 원래 미국과 유럽으로 한국 인디 화장품 브랜드를 수출하던 회사였는데, 한 브랜드의 데이터를 분석한 후 성장 가능성이 크다고 판단해 브랜드를 직접 인수하기로 결정했습니다. 그 브랜드가 바로 조선미녀입니다. 구다이 글로벌은 미국과 유럽 시장에서 SNS 마케팅을 집중적으로 펼쳤고, 이를 통해 2024년 단일 브랜드로만 3천억 원의 매출을 기록했습니다. 이후 티르티르 브랜드를 추가로 인수하며 2025년에는 약 6천억 원 매출이 예상되고 있습니다. 추가로 4개의 브랜드를 더 인수해 한국 인디 화장품 브랜드 제국을 구축하겠다는 계획을 추진하고 있습니다.

구다이 글로벌이 상장할 경우, 기업 가치는 10조 원 이상일 것으로 전망됩니다. 최근 한국 주식 시장 상황을 고려하면, 대기업조차 1조 원 단위의 유니콘 기업*을 창출하기는 쉽지 않은 상황입니다. 그럼에도 불구하고 K-뷰티 인디 브랜드의 눈부신 성공은 K-팬덤이 단순한 소비층을 넘어 글로벌 경제적 영향력을 만들어낼 수 있다는 사실을 보여주는 대표적 사례라 할 수 있습니다.

이러한 K-뷰티 열풍의 수혜를 직접적으로 받고 있는 기업이 바로 올리브영입니다. 올리브영은 소비자들의 수요를 잘 반영해서 한국에 오는 관광객들로부터 엄청난 수익을 얻고 있습니다. 오프라인 매장을 주로 운영하는 회사임에도 불구하고 2024년에 25.7퍼센트의 매출 상승을 기록했습니다. 대부분의 오프라인 유통 회사가 어려움을 겪는 요즘 같은 시장 상황에서 놀라운 일이죠. 데이터를 보니 전체 결제 건수 중에 무려 983만 건이 외국인이었습

---

* 가치 1조 원 이상, 창업한 지 10년 이하의 비상장 스타트업.

니다. 거의 1천만 건에 달합니다. 2024년에 대한민국을 방문한 관광객의 수가 1800만 명이라고 하는데 절반 이상이 올리브영을 방문했다고 볼 수 있습니다. 외국인 카드 이용 건수 상위 10개 매장 중 4곳이 올리브영 지점일 정도로 방한 관광객의 주요 소비처로 자리를 잡았습니다. 데이터에 따르면 외국 관광객들은 미리 올리브영 세일 기간을 알아보고 그에 맞춰 입국을 할 정도라고 합니다.

K-뷰티 열풍의 수혜는 화장품 브랜드에만 국한되지 않습니다. 마땡 킴, 떠그클럽 같은 패션 브랜드나 뷰티 미용 기기 기업들도 마찬가지입니다. 클라시스는 슈링크 등 피부 리프팅과 탄력 개선용 미용 기기를 만드는 기업으로 유명하죠. 이외에도 파마리서치, 제테마 같은 기업들이 계속해서 좋은 실적들을 내고 있으며, 더군다나 이 기업들은 앞으로도 팬덤 경제를 등에 업고 상당히 밝은 전망을 보이고 있습니다.

이처럼 K-뷰티 시장의 폭발적 성장과 기존 기업들의 성공 사례를 지켜본 결과, 똑똑하고 기술로 무장한 많은 젊은 창업자들이 뷰티 분야에서의 스타트업 창업을 신중하게 고려하고 있습니다. 이 분야는 메디컬이나 헬스처럼 기술적 제한이 설정돼 있지 않고, 또 반도체처럼 고객이 정해져 있는 크로스 마켓이 아니라는 것도 매력적이라고 할 수 있습니다. 또한 상대적으로 기존 대기업들이 수십억 원을 쏟아부어야 했던 TV 광고나 전통적 마케팅 방식 대신, SNS를 통한 자연스러운 입소문과 팬덤 형성만으로도 글로벌 시장에서 충분한 경쟁력을 확보할 수 있다는 점입니다. 더욱이 한국의 우수한 제조 기술력과 데이터 분석 능력이 뒷받침되어, 작은 규모에서 시작하더라도 빠른 시간 안에 세계적인 브랜드로 성장할 수 있는 토대가 마련되어 있습니다.

결국 K-뷰티는 AI 시대에 한국이 가져야 할 팬덤 경제의 핵심 모델을 보여주고 있습니다. 기술만으로는 설명할 수 없는, 문화와 감성이 결합된 새로운 경제 생태계의 가능성을 입증하고 있는 것이죠. 물론 수십만 개의 브랜드가 전쟁 같은 구독과 좋아요의 고지 쟁탈전 중입니다만, 결국 권력은 소비자의 손끝에 달려 있습니다. 오직 실력이 승부처라는 것이죠. 거기다 성공의 열매도 엄청나기 때문에 창업을 준비하는 청년들이 깊이 공부해야 할 영역입니다.

○ **13장 요약** ○

AI 시대 생존 조건의 변화: 기술력 < 팬덤

K-콘텐츠의 글로벌 성과

❶ K-웹툰의 세계 정복
- 네이버 웹툰 (1위), 카카오 웹툰 (2위) 세계 150개국 서비스
- 〈나 혼자만 레벨업〉: 누적 조회 수 수십억 회, 미국 아마존·애플북스 1위

❷ K-드라마 넷플릭스 독주
- 비미국 콘텐츠 TOP500 중 85편 (17%) 한국 콘텐츠
- 〈오징어 게임 3〉: 93개국 1위, 4주 연속 세계 1위 유지

❸ 〈케이팝 데몬 헌터스〉의 역사적 성과
- 넷플릭스 전 부문 통틀어 역사상 최고 시청 수, 시청시간 기록
- OST 〈골든〉 미국, 영국 빌보드 1위 동시 석권, 빌보드 핫100 6주 연속 1위

K-산업의 팬덤 경제 확산

❶ K-푸드의 SNS 마케팅
- 김밥: 트레이더 조 230톤 수출 → 한 달 만 매진
- 불닭볶음면: 삼양식품 시총이 농심의 2배 달성

❷ K-게임 지속 성장
- 세계 시장점유율 4위 (미국·중국·일본 다음)
- 크래프톤 배틀그라운드: 21개국 매출 1위

❸ K-뷰티 인디브랜드 약진
- APR: 시총 6.6조 원으로 LG생활건강 제치고 국내 2위
- 구다이 글로벌: 상장 시 기업가치 4조 원 이상 예상
- 올리브영 수혜: 방한관광객 1800만 명 중 절반 이상 방문

K-팬덤이 실시간 글로벌 소비로 직결되고 있다.
이제 이를 전략적으로 활용할 때다

14

BTS 팬덤이 10년째 이어지는 이유

팬덤은 '한시적이다', '순식간에 날아갈 수 있다'라고 생각하기 십상입니다. 그런데 그건 과거 레거시 미디어가 지배하던 시대의 팬덤입니다. 일반적으로 레거시 미디어가 지배하던 시절에는 자본으로 광고를 집행하면 엄청난 수요가 폭발하지만 잠시뿐이고 사용자들의 반응이 곧 시들해지고 나면 팬덤도 사라졌습니다. 결국 기업이 기본적으로 고객에게 '이건 나뿐 아니라 다른 사람들도 먹어야 해', '다른 사람들도 경험하게 하고 싶어'라는 생각이 들 정도로 특화된 경험을 제공해야만 이 새로운 생태계에서 과거와는 전혀 다른 규모로 성장할 수 있다는 뜻이기도 합니다. 이미 이렇게 해서 라면, 김 등 한국의 많은 식품들이 해외로 수출되었고요. 이것도 K-컬처의 팬덤 덕분이라고 할 수 있습니다. 뉴욕에 오픈한 소문난 기사식당 기사Kisa라든지 미국 프랜차이즈로 크게 성공한 젠 코리안 바베큐 같은 프랜차이즈들이 계속해서 확대되고 사업화될 가능성이 큰 영역입니다.

AI 시대에 팬덤 경제에 주목하는 이유

AI가 도입되면 많은 일자리들이 사라질 것은 분명합니다. 10명이 하던 일을 2명이 충분히 할 수 있게 되고, 리서치든 미디어 제작, 광고, 마케팅 어느 영역에서든 과거보다 훨씬 많은 인력 절감이 예상되기 때문에 사라지는 일자리에 대비해야 하는 상황이 올 것입니다. 저는 그래서 항상 K-컬처 팬덤을 기반으로 새로운 내수와 수출을 진작시키는 쪽으로 사업을 기획할 필요가 있고 정부 정책도 이에 적극적인 관심을 기울여야 한다고 강조합니다.

그럼 대한민국에서 가장 필요로 하는 내수 진작을 위한 관광 산업을 만들려면 어떻게 해야 될까요? 그건 지금 한국 정부에서 좋아하는 국제 행사들, 잼버리라든지 엑스포라든지 올림픽이라든지 에이팩APEC 같은 행사들이 아닙니다. 실제 데이터를 보면 해외에 있는 외국인들은 한국에 와서 '문화'를 직접 체험하고 싶어 합니다. K-팝 콘서트를 관람하고 K-드라마 촬영 장소를 방문하고 화장품을 구매하고 피부 시술을 받고 중간 중간 K-푸드를 먹을 수 있게 하는 것, 한국의 문화와 게임들을 체험할 수 있는 색다른 장소를 만드는 것. 이것이 우리가 앞으로 만들어가야 할 인프라의 역할이라고 생각합니다. 이런 콘텐츠들을 유연하게 체험할 수 있는 그런 시설이 있을까요?

이미 잘 알려져 있지만 아직까지 우리는 K-팝 전용 콘서트장 하나도 갖고 있지 않습니다. 이유는 단순해요. '이 팬덤이 언제 사라질 줄 알고 그런 투자를 하느냐', '일본의 J-팝도 반짝하고 사라지지 않았냐' 그렇게 이야기했던 것이 벌써 몇 년 전입니다. BTS의 인기는 SNS를 통해서 성장했고, 레거시 미디어가 광고를 통해 퍼뜨린 문화는 쉽게 사라지지만 SNS상에서 만들어진 팬덤은 쉽게 사라지지 않는다는 걸 간과해서는 안 됩니다.

한국의 젊은이들은 언제 어떤 환경에서도 유쾌한 문화를 만들어냅니다. 콜드플레이가 한국에 와서 2025년에만 6번 공연을 했는데요. 내한하는 해외 가수들이 매료되는 건 바로 한국의 떼창 문화입니다. 한국 사람들은 내한 공연이 결정되면 팬들끼리 커뮤니티에서 세트리스트를 공유해서 미리 연습할 정도로 열정적입니다. 이런 팬들을 만나기 쉽지 않죠. 이런 장점을 극대화할 수 있는 공간은 어떻게 디자인해야 할까요? 그럴 수 있다면 우리나라 가수

뿐 아니라 전 세계의 가수들이 한국으로 몰려올 겁니다.

한국 관객들의 힘은 프로야구로도 증명되고 있죠. 해외 관광객들이 꼭 가봐야 하는 명소 중 하나가 프로야구 응원전이라고 합니다. 야구장을 찾은 관중들은 특정 팀이나 선수에 대한 충성심을 바탕으로, 응원 도구와 구호, 노래, 안무 등을 통해 집단적 경험을 공유합니다. 이는 K-팝 팬덤이 콘서트에서 보이는 조직적 참여와 유사한 측면이 있습니다. 예를 들어, 관중들은 치어리더와 함께 응원가를 부르거나, 특정 타석에서 색깔별 응원 막대를 흔들어 시각적 효과를 만들어냅니다. 일부 팀은 응원단을 조직하여 경기 중 일정한 리듬과 안무로 관중 참여를 유도하며, 특정 선수에게는 응원가와 배너를 집중적으로 활용합니다. 이러한 행동은 하나의 문화적 경험으로 발전하며, 응원 콘텐츠가 SNS와 유튜브 등을 통해 온라인으로 확산되기도 합니다.

한국 팬덤 경제의 현실

참 안타까운 것은 우리나라의 기업들이 이런 문화적 현상을 제대로 활용하지 못하고 있다는 점입니다. 〈케이팝 데몬 헌터스〉의 제작진 중에 한 명이 올린 트위터를 보고 탄식이 나왔습니다. 영화

안에서 롯데타워를 헌트릭스 타워로 이름 짓고 이를 적극적으로 활용하기 위해 롯데타워 측에 저작권 인용을 요청했는데 거절당했다고 합니다. 어떤 경로로 거절당했는지는 논란이 있긴 하지만 어떻게 보면 롯데타워가 대한민국의 랜드마크만이 아니라 전 세계의 랜드마크가 될 수 있는 기회를 놓쳐버린 셈이죠.

다행스러운 것은 최근 기업들이 많이 달라지고 있다는 점입니다. 〈케이팝 데몬 헌터스〉에 새우깡과 컵라면이 등장했는데, 농심이 발 빠르게 넷플릭스를 찾아가 저작권 협약을 맺고 미국에서 〈케이팝 데몬 헌터스〉에 나왔던 컵라면과 새우깡을 그대로 만들어 출시하면서 큰 성공을 거두고 있다고 합니다. 에버랜드도 한 건 했습니다. 넷플릭스와 공식 계약을 맺고 에버랜드 내에 '케이팝 데몬 헌터스 테마파크'를 만들어 팬들에게 즐거운 체험을 선사하겠다고 발표했습니다. 디즈니랜드 입장에서는 거대한 경쟁자를 만난 셈입니다. 물론 얼마나 고객이 열광하게 만들 수 있을지가 남은 숙제입니다. 그러나 이미 미국에서 방문하고 싶다는 아이들의 반응이 뜨거운 것을 보면 잠재력만큼은 충분하다고 볼 수 있습니다.

이런 경험들을 살릴 수 있는 문화적 시설은 어떻게 만들어야 할까요? 이제 우리는 해외에서만 즐기는 이벤트에 국한하지 않고, 한국에서 직접 체험할 수 있는 문화적 공간을 디자인하고 새로운 문화 현상을 창출해야 할 시점에 와 있습니다. 대한민국의 즐거움과 안전함을 기반으로, 밤에도 즐길 수 있는 콘텐츠를 서로 공유하고 체험할 수 있는 시설이 필요합니다. 예를 들어 〈케이팝 데몬 헌터스〉의 열기가 뜨거운 때라면 남산공원에 레이저 쇼를 통해서 혼문이 열리고 닫히는 광경을 드론으로 표현하면 관광객들에게 볼거리가 풍성해질 것입니다. 실제로 2025년 8월 서울시가 '케이팝 데몬 헌터스 드론쇼'를 연출해 많은 사람들의 환호를 받기도 했습니다. 이렇게 팬덤 경제의 관점에서 아이디어와 기획을 모아 전 세계 사람들이 한국의 문화를 체험하도록 한다면, 음식, 전통, 관광 상품 등과 연계해 수출까지 확대할 수 있습니다. 국립중앙박물관처럼 굿즈나 관광 상품 비즈니스를 확장하면, 영세 중소 상인들도 충분히 수익을 얻을 수 있습니다. 또한 피부 미용 시술을 위해 방문하는 관광객이 늘고 있는 상황에서 제도적 지원을 통해 관련 자영업자를 보호하고, 이를 더 확장해서 건강검진이나 심지어 전문 의료 서비스까지 하나의 산업으로 발전시킬 수 있습니다.

결국 대한민국의 미래 산업은 기존 강점을 기반으로 확장될 때 더욱 효과적입니다. 뛰어난 제조업 역량, AI 기술, 반도체 기술 위에 문화 산업이 꽃필 때에 우리나라 각 계층의 사람들이 안정적으로 충분한 보수를 받고 즐겁게 일할 수 있는 일자리를 창출할 수 있을 것입니다. 그러기 위해서는 구조적으로 탄탄한 세계관을 만들고 도전할 수 있는 청년층이 충분히 확보되는 구조가 필요합니다.

세계 시장에서 빛나는 한국 문화를 꿈꾸는 청년들이 보고 배울 수 있는 롤모델들이 한국에도 많습니다. 스타일난다, 달바 글로벌, 구다이 글로벌, APR, 무신사 등을 보면 거의 대부분 팬덤으로 성공한 사례들을 보유하고 있습니다. 가까이에서부터 찾아서 공부해야죠. 〈상어 가족〉은 이제 161억 뷰를 넘었고요. 웹툰 시장은 여전히 압도적 1위를 계속 유지하고 있습니다. 그 영향력으로 넷플릭스에서 대한민국 인기도 올라갔고 〈케이팝 데몬 헌터스〉를 통해서 우리가 갖고 있는 팬덤의 위력이 어느 정도인지도 실감할 수 있게 되었습니다. 앞으로 소니 픽처스 같은 해외 기업 대신 우리가 직접 종주국이 되는 그날이 빨리 왔으면 하는 마음입니다.

한국 AI 산업의 살길은 '구독'과 '좋아요'

결국 AI의 지향점은 기업의 생존과 번영입니다. 그 중심에는 고객이 있고 고객의 구독과 좋아요를 이끌어내는 경험을 디자인하는 역량이 절대적으로 필요합니다. 이때 AI를 활용하면 과거 대비 인건비를 10분의 1 정도로 줄일 수 있습니다. 창업을 할 때 이를 적극적으로 활용한다면 과거에 10억 원이 들던 비용을 1억 원으로 낮출 수 있겠죠. 현 시대에 성공의 근간에는 AI가 바탕이 되어야 하고 필요한 영역에 깊은 지식을 갈고닦아야 합니다. 이 새로운 생태계는 앞으로 더욱 강화될 겁니다. 팬덤 경제의 소비 생태계를 바탕으로 미래를 준비하는 게 앞으로의 가장 중요한 사명이 되겠죠.

이미 삼성전자는 2022년에 기존에 별도로 운영되던 주요 사업부들을 DX$^{Device\ eXperience}$ 사업부로 통합한 바 있습니다. 이 사업부에는 MX$^{Mobile\ eXperience}$ 사업부, DA$^{Digital\ Appliances}$ 사업부, 글로벌 CS센터 등이 소속되어 있습니다. 모바일이 되었건, 가전이 되었건, A/S$^{After\ Service}$가 되었건 모두 경험이라는 모토로 실천하고 있고요. LG전자도 CX$^{Customer\ eXperience}$ 센터를 신설하면서 600명 규모로 바꾸었습니다.

AI 시대에 왜 이렇게 경험이 강조될까요? 삼성전자가 이번에 갤럭시 Z 폴드 7을 내놓으면서 세계를 깜짝 놀라게 했죠. 훌륭한 성능과 기술력을 갖췄습니다. 아이폰은 아직 접히지도 않고 AI도 제대로 도입하지 않고 있습니다. 그런데 앞서가는 삼성전자가 왜 기술보다 고객 경험에 집중하고 있을까요? 결론은 명확합니다. 아직도 대한민국의 10대 중 80퍼센트가 아이폰을 사달라고 조른다고 합니다. 이유를 물어보면 '느낌적인 느낌이 달라요'라고 대답합니다. 기업이 주는 인문학적인 공감대, 이 미묘한 느낌의 차이, 문화적인 동질감. 디지털 문명을 사는 고객들에게는 이런 것들이 중요합니다. 과거에는 '세계 최초로 폰을 접었다', '세계 최초로 온디바이스 AI를 탑재했다' 이런 기술에 사람들이 열광하고 지갑을 열었지만 이젠 고객이 자신의 경험을 다른 사람들한테 전파할 수 있는 힘이 있어야 합니다. 이번 갤럭시 Z 폴드 7 오프닝 행사에 〈케이팝 데몬 헌터스〉에 나온 더피라는 호랑이와 눈이 6개 달린 까치 서씨를 모델로 썼습니다. '삼성도 이제 이렇게 호응하는구나'라며 사람들이 깜짝 놀랐죠. 이런 동질감과 공감대를 만들려는 노력이 대한민국 기업에게 너무나 절실합니다. 이것이 곧 스티브 잡스가 말했던 기술과 인문학과 휴머니티의 결합이니까요.

팬덤 경제에서 인문학은 교양을 넘어서 구독과 좋아요를 이끌어내는 핵심 역량과 직결됩니다. 사람들은 자신의 감정과 경험에 공감할 수 있는 콘텐츠에 자발적으로 참여하고, 이를 주변에 공유하며 팬덤을 형성합니다. 따라서 대중문화와 인문학적 통찰을 결합하면, 사람들이 공감할 수 있는 스토리와 경험을 설계할 수 있는 능력을 갖추게 됩니다. 단순히 흥미로운 아이디어를 제시하는 것만으로는 부족하며, 사람들의 마음을 이해하고 공감할 수 있어야 장기적인 참여와 충성도를 이끌어낼 수 있습니다.

교육과 산업 현장에서도 이 같은 공감 능력은 경쟁력을 높이는 핵심 자산이 됩니다. 결국 기업이 사랑받으려면 고객과의 공감대가 넓어야 합니다. 세계 최초로 개발한 기술도 좋지만 기업이 어떤 가치를 향해 나아가고 있는지를 보여주는 것이 고객들에게는 훨씬 중요하죠. 이런 면에서 일론 머스크의 끊임없이 도전은 디지털 세대에게 강력한 공감을 이끌어내고 있습니다. 우리는 그 과정에서 교훈과 통찰을 충분히 배우고, 이를 우리 기업과 문화 산업의 전략에 적용할 필요가 있습니다.

AI의 숨통을 조이는 규제

정부의 강력한 디지털 규제가 경제 성장과 혁신을 저해한 사례가 있습니다. 2025년에 유럽에서 발표한 보고서는 디지털 전환에 대한 규제가 산업 발전을 가로막았다는 점을 지적합니다. 그간 유럽은 자국 내 산업 보호와 개인 정보 보호를 우선시하면서, 플랫폼 기업들의 혁신을 제한하고 데이터 활용에 강력한 규제를 가했습니다. 그 결과, 70퍼센트의 혁신적인 디지털 스타트업이 미국으로 이전했고, 이는 유럽의 경제 성장을 심각하게 방해했습니다. 2002년까지는 미국과 유럽의 GDP 차이가 거의 없었지만, 이제는 그 차이가 30퍼센트 이상 벌어졌습니다. 게다가 혁신적인 인재들

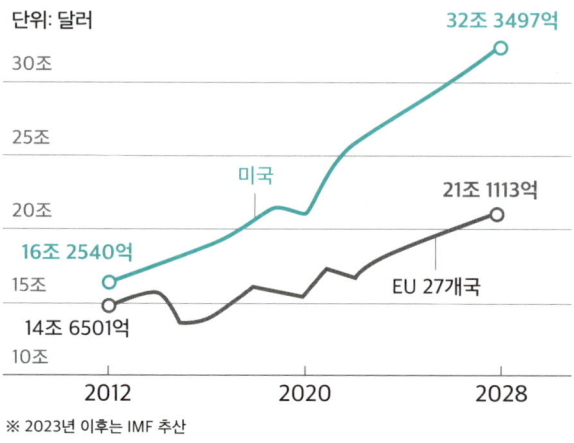

미국과 EU의 GDP 추이

이 이미 대부분 미국으로 이주했기 때문에, 향후 전망도 매우 암울한 상황입니다.

AI 관련 인재 유출 문제는 심각한 상황을 초래하고 있습니다. 예를 들어, 제프리 힌튼 교수나 구글 딥마인드 CEO 데미스 허사비스는 모두 영국 출신이지만, AI 연구와 기술 혁신을 위해 미국으로 이주했습니다. 이외에 AI 4대 천왕 중 한 명인 얀 르쿤Yann LeCun도 프랑스 피에르에마리퀴리대학교에서 박사학위를 받았지만, 현재는 메타에서 활동 중입니다. 이러한 현상은 미국의 AI 기술이 전 세계에서 압도적인 이유를 설명합니다. AI 연구와 혁신을 위한 환경이 미국에 집중되고 있기 때문에, 유럽은 점점 더 후발주자로 남을 가능성이 큽니다.

　유럽의 사례가 증명하듯이 규제는 혁신적인 인재들이 떠나는 환경을 조성하는 주요 원인 중 하나입니다. 규제가 혁신을 추구하는 인재들의 숨통을 조인다면, 그들은 더 나은 환경을 찾아 떠날 수밖에 없기 때문입니다. 이러한 현상은 국가뿐만 아니라 기업과 조직에서도 동일하게 나타날 수 있습니다. 만약 우리가 규제를 옹호하는 조직 문화를 갖고 있다면, 혁신을 추구하는 인재들이 결국 이 조직을 떠날 수밖에 없습니다. 혁명의 시기에는 혁신에 도전하는 인재들이 많을수록 기업이나 국가가 유리해집니다. 앞으로 3년은 특히 중요한 시기이며, 이러한 생각의 기조를 바꿀 필요가 있습니다.

　혁신에 도전하고 싶었던 영국과 유럽의 연구 인력은 모두 미국으로 떠났습니다. 규제 전문가들은 남아서 더욱 규제를 세분화하고 전문화하며 실력을 키웠습니다. 이제 영국과 유럽은 규제 전문가들의 생태계가 매우 견고합니다. 그래서 AI 혁명이 시작되자 강력한 규제부터 내놓았고요. 적절한 규제는 당연히 필요합니다. 그러나 혁신은 없이 규제만 강화되는 사회에는 미래가 없습니다. 그것이 지금 세계 20대 기업에 단 하나의 기업도 올리지 못한 유럽의 현실입니다. 지금 유럽 시총 1위는 루이뷔통 그룹입니다. AI 혁명 시대에 유럽이 암울한 이유입니다.

AI 혁명은 이미 글로벌한 변화의 흐름에 있습니다. 우리는 유럽처럼 뒤처져서는 안 됩니다. 이 변화를 선도하고, 이를 통해 산업과 사회를 디지털 전환시키는 과정에 중요한 역할을 해야 합니다. 미국과 중국이 이끌어가는 AI 시장에서 한국은 전략적으로 AI 산업을 주도할 수 있는 위치에 있으며, 2025년 이후의 AI 혁명이 한국의 미래를 결정짓는 중요한 시기가 될 것입니다.

○ 14장 요약 ○

팬덤 경제의 새로운 패러다임
- 과거: 광고 중심의 일시적 수요 폭발 → 빠른 소멸
- 현재: SNS 기반 팬덤 → 데이터로 입증되는 지속적 성장

문화 관광 인프라 혁신
- K-팝 전용 콘서트장 건설
- 종합적 문화 체험 시설: 콘서트 + 촬영지 + 화장품 + 피부 시술 + K-푸드
- 조직적 응원 문화: 프로야구, K-팝 콘서트의 집단적 경험

기업들의 팬덤 경제 대응
- 롯데타워: 〈케이팝 데몬 헌터스〉 저작권 거절로 기회 상실
- 농심: 〈케이팝 데몬 헌터스〉 연계 마케팅으로 미국 진출 성공
- 에버랜드: 넷플릭스와 공식 계약, '케이팝 데몬 헌터스 테마파크' 조성

규제 vs. 혁신: 유럽의 실패 사례
- 강력한 디지털 규제 → 70% 스타트업 미국 이전
- AI 인재 대량 유출: 제프리 힌튼, 데미스 허사비스, 얀 르쿤 등

한국의 성공 방정식
- 기존 강점 (기술) + 문화 산업 (팬덤) + AI 혁신 = 지속가능한 성장
- 규제보다는 혁신을 촉진하는 환경 조성

**과도한 규제는 혁신을 몰아낸다.
유럽의 실패를 교훈 삼아 AI 혁신을 이끌어내야 한다**

15

더 이상 추격자가 아니다,
이제 선두주자다

그렇다면 앞으로 대한민국은 어떤 길을 걸어갈까요? 대한민국은 참 특이한 나라입니다. 순수한 데이터만 놓고 보면, AI 시대에도 가장 잘 적응할 수 있는 국가 중 하나라고 평가받을 수 있겠죠. 실제로 2025년 포브스가 선정한 세계에서 가장 강력한 10대 강대국 중 대한민국은 6위를 차지했습니다. 이는 2022년 〈US 뉴스 앤드 월드 리포트〉에서 발표한 순위와 동일하며, 와튼스쿨 연구 결과에도 부합하는 수치입니다. 미국, 중국, 러시아, 독일, 영국, 한국, 프랑스, 일본 순으로 나타났는데, 이 8개 국가 중 1차 세계대전 당시 식민지였던 나라는 대한민국뿐입니다. G7 가입을 시도해도 일본이 극렬히 반대하는 이유이기도 합니다.

순위	국가	GDP(달러)	인구(명)	지역
1위	미국	30.34조	3.45억	북미
2위	중국	19.53조	14.19억	아시아
3위	러시아	2.2조	1.44억	아시아
4위	영국	3.73조	6900만	유럽
5위	독일	4.92조	8450만	유럽
6위	한국	1.95조	5170만	아시아
7위	프랑스	3.28조	6650만	유럽
8위	일본	4.39조	1.23억	아시아
9위	사우디아라비아	1.14조	3390만	아시아
10위	이스라엘	5509억	938만	아시아

2025 〈포브스〉가 선정한 세계 강대국 TOP10

사실 다른 나라들은 100년 이상을 걸쳐 식민지에서 자원을 수탈하며 번영을 누려왔고, 그들끼리 연합하면 다른 국가들은 영향력에서 밀릴 수밖에 없었습니다. 그런 역사적 배경을 가진 국가들 사이에서 대한민국이 당당하게 선진국 반열에 오른 것은, 현대 인류사 120년을 통틀어 기적과도 같은 성취라 할 수 있습니다. 그 원인은 대한민국 제조업의 발달에서 찾을 수 있습니다. 휴대폰 판매 세계 1위, 자동차 판매 세계 2위, 가전제품 판매 세계 1위, TV 판매 세계 1위, 반도체 세계 1위 등, 어느 것 하나 빠지지 않는 놀라운 실적을 유지할 수 있는 원동력은 무엇일까요?

이건희 회장은 한때 이렇게 말한 적이 있습니다. "한 명의 천재가 10만 명을 먹여 살린다." 그러나 반대로 생각하면 거대한 생태계와 세계적 경쟁력을 갖춘 제조업에서는 한두 명의 천재만으로는 부족하고, 수많은 열정적이고 뛰어난 일꾼들이 필요합니다. 물론 이 사람들 역시 높은 수준의 전문성을 갖추어야 합니다. 그리고 다행히 한국에는 분야별로 이러한 인재들이 존재했습니다.

최근에는 어렵다는 무기 산업까지 진입했습니다. 조선업이 성장하면서 군함과 잠수함 등 새로운 무기 체계도 수출하고 있으며, 항공 엔진 개발을 시작으로 이제는 항공기와 전투기까지 수출하고 있습니다. 자동차 산업의 발전은 K9 자주포, K2 흑표 전차 수출로 이어졌고, 가장 난이도가 높은 미사일 산업 역시 빠르게 성장하고 있습니다. 이 모든 영역에는 10만 명의 똑똑한 대한민국 보통 사람들이 존재합니다. 이들은 지난 30년간 한 분야에 집중하며 지금의 성과를 만들어냈습니다. 도대체 어떤 힘이 작용한 걸까요? 세계은행 보고서는 이렇게 말합니다.

"중진국에서 선진국으로 올라선 유일한 두 나라는 대만과 한국이다. 한국의 경쟁력은 교육열이다. 이미 1980년에 고등학교 진학률 70퍼센트를 넘은 유일한 국가였다."

실제로 우리는 교육과 자기계발에 대한 열정이 남다른 나라입니다. 모두가 더 나은 삶을 추구하는 DNA를 가지고 있으며, 각자 분야에서 결국 세계적 수준의 제조업 경쟁력을 만들어냈습니다. 이 힘이 대한민국의 기적을 가능하게 했고, 그 주인공은 바로 대한민국 3천만 명의 보통 사람들이었습니다. 이 DNA는 여전히 우리 젊은 세대에게 작동하고 있습니다. 특히 새로운 산업 분야에서는 더욱 두드러집니다. 우리는 불가능할 것 같았던 대중음악, 드라마, 영화, 그리고 이를 기반으로 한 K-뷰티까지 단기간에 눈부신 성장을 이루어냈습니다. 특히 〈케이팝 데몬 헌터스〉의 성공은 이러한 팬덤의 힘이 얼마나 강력한지를 보여준 사례입니다.

이 정도라면, 다음 세대가 만들어낼 새로운 팬덤 역시 충분히 기대할 수 있습니다. 여기에 이전 세대가 쌓아온 제조업의 힘을 더한다면 어떨까요? 예를 들어 삼성전자의 갤럭시와 BTS의 팬덤이 만난다면, 〈케이팝 데몬 헌터스〉의 매력적인 캐릭터와 현대자동차가 결합한다면, 전 세계가 열광하는 애플과 테슬라 같은 세계적인 기업과 제품도 충분히 도전해볼 만하지 않을까요?

우리는 더 이상 문화적으로 남을 추격하는 국가가 아닙니다. 기술적으로도 마찬가지입니다. 이제는 선두주자의 자리에 도전할 수 있는 위치에 서 있습니다. 특히 AI에 대한 투자 규모와 전략에 따라 미래가 달라지는 지금, 대한민국의 AI 인프라, 반도체, 제조업, 플랫폼 등은 세계 3강을 노려볼 만한 경쟁력을 갖추고 있다고 감히 말씀드릴 수 있습니다.

저는 학생들에게 자주 이렇게 이야기합니다. "여러분의 부모님 세대는 삼성과 현대처럼 선진국 기업의 기술을 따라잡으며 열심히 달려왔습니다. 열심히 공부하고 벤치마킹해서 세계적인 제조업으로 만들어냈습니다. 이제 여러분은 그 단계를 넘어, 애플이나 테슬라 같은 글로벌 기업과 경쟁할 수 있는 기업을 만들 수 있습니다. 한번 창업해서 도전해보지 않겠습니까?" 이보다 더 무모한 꿈을 꾸던 시절도 있었습니다. 1980~1990년대, 특히 1997년 IMF를 겪은 후에도 여전히 일본 기업을 제치고 전자제품 세계 1위, 반도체 세계 1위, 조선업 세계 1위를 달성하겠다고 했을 때, 전 세계 사람은 물론 우리나라 사람들까지 미쳤다고 했습니다. 그야말로 조롱거리였습니다. 하지만 해냈습니다. 그것도 5천만 명의 국민이 혼신의 힘을 다해 일하면서 말입니다.

지난 30년 동안 지구상에서 가장 많은 '무모한 꿈'을 가장 많이 현실로 만든 나라가 바로 대한민국입니다. 그리고 그 주인공은 바로 대한민국의 평범한 사람들, 열심히 살아낸 우리 국민들입니다. 너무 빠른 발전으로 사회적 불안, 교육 문제, 가족 해체 등 부작용이 많았던 것도 사실입니다. 그것을 치유하기 위한 노력도 우리는 잊지 않고 있습니다. 어느 한쪽만으로는 미래를 만들 수 없습니다. 이제 부작용도 줄여가며 혁명의 시대를 준비해야 합니다. 남 탓하며 비난할 때가 아니라 나부터 열심히 미래를 위한 공부를 시작해야 합니다.

하루 30분 AI-PT가 바꾸는 10년 후

AI 혁명은 이미 엄청난 속도로 진행 중이며, 2025년 하반기와 2026년 상반기에 걸쳐 그 속도가 더욱 가속화될 것으로 예상하고 있습니다. AI 혁명에서 자본은 그 자체로 에너지 역할을 하며 자본이 충분히 확보된 지금, 혁명은 한층 더 빠르게 일어날 것입니다.

특히 생성형 AI 소프트웨어의 변화는 그 자체로 AI 발전의 핵심입니다. 이 변화는 다양한 산업 영역에서 혁신을 이끌어낼 것이며, AI 반도체 산업도 그중 하나입니다. 우리는 속속 등장하고 있는 AI 기반 신사업들을 면밀히 공부하고 대비해야 합니다. 지금은 30년 전의 인터넷 혁명과 매우 유사한 양상이 보입니다. 인터넷이 가져온 거대한 변화, 그에 필수적인 핵심 기술들, 이를 실현하기 위한 반도체 기술, 그리고 이들이 이끈 새로운 산업들은 모두 AI 혁명의 흐름과 닮아 있습니다. 인터넷 혁명 당시와 마찬가지로, 지금이 얼마나 중요한 시기인지 실감할 수 있습니다. 당시의 산업 생태계는 인터넷 혁명을 통해 완전히 변화했으며, AI 혁명 역시 비슷한 방식으로 세계를 변화시킬 것입니다.

하루 30분 또는 1시간씩이라도 AI를 공부하는 습관은 그 자체로 미래를 바꾸는 계기가 될 수 있습니다. 적어도 3년, 5년, 10년 후에 여러분의 인생에 중요한 전환점을 만들 것입니다. 실력주의 시대의 등장도 AI의 발전과 밀접한 연관이 있습니다. 더 이상 어떤 학교를 나왔고 누구와 아는 사이인지가 중요한 시대가 아닙니다. 이제는 AI를 통해 박사급 지능을 가진 전문가들을 쉽게 활용할 수 있는 시대가 된 것입니다. 내가 AI에 능숙하다면 경영 전략, 프로그래밍, 마케팅 등의 전문적인 도움을 받을 수 있는 시대가 열렸습니다.

우리는 급변하는 기술 혁명 속에 살고 있습니다. 그중에서도 AI는 가장 핵심적이고 중요한 변화의 축입니다. 이런 시대에 매일 30분씩 AI를 공부하는 것은 단순히 기술 습득을 넘어 미래의 경쟁력을 확보하는 길입니다. AI 공부는 이제 선택이 아닌 필수로 다가오고 있으며, 이를 통해 얻을 수 있는 기회와 가능성은 무궁무진합니다.

AI는 이미 스마트폰, 음성 인식, 추천 시스템 등 다양한 형태로 우리의 생활을 보다 편리하게 만들어주고 있습니다. 하지만 AI의 발전은 단순한 편의성 향상에 그치지 않습니다. AI는 산업 혁명을 일으키고 있으며, 이제 자율주행차, 헬스케어, 로보틱스 등 미래 지향적인 분야에서도 활발히 사용되고 있습니다. AI를 제대로 이해하고 활용할 수 있는 능력은 향후 직업적인 기회를 제공하며, 개인 경쟁력을 크게 높일 수 있습니다. 이처럼 AI를 공부하는 것은 우리의 삶을 더 효율적이고 풍요롭게 만드는 필수적인 도전입니다.

그러기 위해서는 먼저 많이 써보는 것이 중요합니다. 저는 학생들에게 12가지 AI 서비스 실습 교육을 시키고 있습니다. 자꾸 쓰다 보면 어떻게 활용이 가능한지 머릿속에 생각이 정리됩니다. AI 역량이 성장하는 것이죠. 과제는 스스로 주제를 정하고 5개의 AI 서비스를 융합해 주제를 전달하는 쇼츠 만들기입니다. 기말시험은 AI 비즈니스 모델을 기획하고 그걸 전달하는 영상을 제작하게 합니다. 평가는 벤처 캐피털 심사담당이 한다고 가정하고요. AI의 역량도 중요하지만 무엇보다 인간에게 필요한 것은 생각하는 힘과 커뮤니케이션 역량입니다. 전문가가 되려면 기초적인 AI 알고리즘을 학습한 후, 코딩 실습을 통해 그 원리를 직접 적용해보는 것이 중요합니다. 이 과정에서 AI 프레임워크나 라이브러리, 데이터 분석 등의 실전 경험을 쌓을 수 있습니다.

지속적인 학습을 동기부여하기 위해서는 뚜렷한 목표를 설정해야 합니다. 예를 들어, '이번 주 안에 AI로 광고 영상 한 편을 완성하겠다', '한 달 안에 SLM 기반의 AI 모델을 구현하겠다', 'AI를 적용한 데이터 분석 프로젝트를 완성하겠다' 등의 목표를 정하고 실천하는 것이 중요합니다. 유튜브에는 훌륭한 선생님들이 여러분을 위해 상시 대기 중입니다.

이는 미래를 대비하는 투자입니다. 하루 30분이 쌓이면 매년 180시간 이상을 학습할 수 있으며, 어느새 AI 전문가로서의 경쟁력을 갖추게 됩니다. 저는 이 30분을 AI-PT$^{\text{personal training}}$라고 부릅니다. 10년 후 건강을 지키기 위해 꾸준히 PT를 하듯이, 10년 후 미래 성장 기대치를 키우기 위해 AI-PT를 실천하십시오. 이 작은 습관이 여러분의 미래를 바꿀 수 있습니다.

○ **15장 요약** ○

글로벌 파워 순위 (2025년 〈포브스〉 선정)

1. 미국 2. 중국 3. 러시아 4. 독일 5. 영국 6. 한국 7. 프랑스 8. 일본
- 한국은 8개 강대국 중 유일한 구 식민지 출신 국가
- 현대 인류사 120년 통틀어 기적과 같은 성취

한국 제조업의 세계 1위 신화

- 휴대폰 판매, 가전제품, TV 판매, 반도체 세계 1위
- 성공의 비밀: 교육열과 자기계발 DNA

K-컬처: 새로운 성장 동력

- K-팝, K-드라마, K-영화, K-뷰티까지 단기간 눈부신 성장
- 〈케이팝 데몬 헌터스〉: 팬덤의 강력한 힘 입증
- 제조업 × 문화의 융합 가능성

차세대를 위한 메시지

- 1980~1990년대: 일본 제치고 세계 1위 목표 → 모든 조롱을 뒤집고 달성
- 지난 30년: 지구상에서 가장 많은 무모한 꿈을 현실로 만든 나라

AI 혁명의 골든타임: 2025~2028

- 2025년 하반기~2026년 상반기: 변화 속도 극대화
- 한국의 경쟁력: AI 인프라 + 반도체 + 제조업 + 플랫폼

미래를 위한 개인 전략

- AI-PT: 하루 30분, 연간 180시간 학습
- '이론 학습 → 실습 경험 → 목표 설정'의 체계적 접근

> 제조업 + 문화 + AI의 독특한 한국형 경쟁력을 기반으로
> 세계 3강 AI 강국의 위치를 확보해야 한다

에필로그

책을 집필하는 동안에도 매일같이 새로운 AI 서비스가 등장했습니다. 그 사이 〈케이팝 데몬 헌터스〉는 영화와 드라마를 통틀어 넷플릭스 역대 최장 시청시간 1위를 기록했고(그전까지는 〈오징어게임 시즌1〉이었습니다), 빌보드 핫100 8주 연속 1위, OST 4곡이 동시에 TOP10에 진입하며 글로벌 팬덤의 폭발력을 입증했습니다. 이는 곧 AI 혁명의 가속화와 팬덤 경제의 힘을 보여주는 사례이기도 합니다.

우연한 기회에 APR의 공동 창업자 중 한 명이었던 이주광 대표를 만났습니다. 그는 일찍이 APR을 떠나 새로운 스타트업 BM스마일을 창업했더군요. SNS를 기반으로 다양한 상품을 브랜딩하고 마케팅과 영업으로 팬덤을 키우는 기업이라고 합니다. 벌써 상당한 매출을 올리고 있고 VC로부터 3천억 원의 밸류를 평가받고 있습니다. 놀라운 것은 자신의 비즈니스에 AI가 핵심인 것을 이미 오래전에 파악하고 AI 전문 자회사를 설립했다는 겁니다. 덕분에 광고, 미디어, 이미지 제작, 실적 관리, 신사업 기획 등 거의 모든 사업 과정에서 AI가 실질적으로 5배 이상의 효율을 나타내고 있다고 합니다. 비용을 5분의 1로 줄이고 있는 겁니다. 대표가 1988년생인만큼 회사의 직원들도 젊습니다. 이 기업의 직원들에게서 미국 스타트업의 느낌이 번쩍 들었습니다. 지금 실리콘밸리를 AI 광풍으로 휩쓰는 디지털 네이티브들은 모두 비슷한 느낌일 것입니다. 일론 머스크나 샘 올트먼처럼 말입니다. 최근 실리콘밸리를 방문해 한국인 스타트업들과 VC들을 만날 기회가 있었습니다. 과거 20여 개에 불과했던 한인 스타트업은 이제 300개 이상으로 늘었고, 분야도 테크에서 뷰티, 푸드, 컬처로 확장되었습니다. K-팬덤이 새로운 성장 자양분이 된 것입니다. VC 역시 늘어나면서 신산업 육성 생태계가 크게 확장되었습니다. 이를 보여주는 대표적 사례가 UKF United Korean Founders 포럼으로, 200명이던 참가자가 2024년에 2천 명으로 급증했고, 2025년에는 5천 명을 넘어설 것으로 예상됩니다.

이 변화 속에서 저는 메타 세상의 중요한 가능성을 보았습니다.

한국에서 팬덤을 만들 수 있다면 미국 시장에서도 충분히 통할 수 있다는 확신이 들었습니다. 더 이상 과거의 '아시아 후진국 출신'이라는 편견은 걸림돌이 되지 않습니다. 오히려 세계 최대 시장인 미국이 우리에게는 새로운 기회의 땅이 될 수 있습니다. 그래서 저는 우리 청년들에게 미국에서 과감히 도전하라고 권하고, 이를 지원하기 위한 창업고시반 설립에도 착수했습니다. 우리 학생들, 이참에 미국에서 한판 제대로 붙어보라고요. 기회가 열려 있다고요.

나아가 저는 K-팬덤을 기반으로 한 신산업 생태계 디자인에 깊은 관심을 두고 있습니다. 특히 '제1회 K-팬덤 페스티벌' 구상은 그 핵심입니다. 올림픽 규모의 대형 이벤트로 기획한다면, 전 세계 K-컬처 팬들이 모이는 장이 될 것입니다. 굳이 성공 가능성 낮은 올림픽 유치에 예산을 쏟기보다, 세계가 열광할 K-팬덤 페스티벌이야말로 훨씬 의미 있는 투자가 되지 않을까요?

빅데이터를 살펴보면 세계인이 우리나라에 가장 기대하는 축제는 올림픽이나 엑스포가 아닙니다. 최근 〈케이팝 데몬 헌터스〉 열풍에서 드러나듯이, 1순위는 단연 K-팝 축제입니다. 실제로 케데헌 흥행 이후 2025년 7월 외국인 관광객이 전년 대비 23퍼센트 늘어난 것이 이를 잘 보여줍니다. 2순위는 K-푸드 체험입니다. 케데헌 속에 등장한 한국 음식, 라면, 과자가 전 세계적으로 화제를 모으면서 '맛의 세계'를 공유하는 즐거움이 확산되고 있습니다. 3순위는 뷰티 산업입니다. 올리브영에서 결제한 외국인만 1천만 명에 이르고, 피부 시술과 성형 역시 인기 있는 관광 상품이 되었습니다. 덕분에 피부미용기기 업체들도 큰 성장을 이뤘습니다. 여기에 병원 방문을 계기로 한국의 과학적이고 합리적인 건강검진 서비스까지 경험한다면, 다시 한국을 찾을 이유가 충분합니다.

이외에도 매력적인 요소는 끝이 없습니다. 서울시가 지원하는 K-등산, 세계적인 게이머들이 대거 참여하는 e스포츠 올림픽, 국립중앙박물관에서의 역사 체험과 MD 쇼핑, 자전거 캠핑과 템플스테이, K-야구와 K-편의점 체험, 야식 문화와 새벽 조깅까지 다양한 경험이 가능합니다.

무엇보다 축제 기간 동안 한국 국민 특유의 푸짐한 잔치 인심을 경험한다면 금상첨화일 것입니다. 하지만 이런 축제는 즉흥적으로 만들어서는 절대 성공할 수 없습니다. 성공의 열쇠는 치밀한 사전 기획에 있습니다. 최소 1년 이상의 준비 기간을 두고, 글로벌 팬들의 수요를 면밀히 분석해야 합니다. 어떤 콘텐츠를 원하는지, 어떤 경험에 기꺼이 돈을 지불할 의향이 있는지, 언어와 문화적 장벽은 무엇인지를 파악하는 것부터 시작해야 합니다. 이를 바탕으로 엔터테인먼트·관광·유통 업계가 유기적으로 협력하는 통합 실행 체계를 구축하고, 교통·숙박·통역·안전까지 아우르는 종합 서비스 설계가 뒷받침되어야 합니다.

충분한 예산 확보도 필수입니다. 세계적 수준의 축제를 만들려면 그에 걸맞은 투자가 선행되어야 하며, 단기 성과보다는 브랜드 가치 축적이라는 장기적 관점에서 접근해야 합니다. 데이터가 보여주는 수요를 꼼꼼히 설계로 옮긴다면, 전 세계 K-컬처 팬들이 해마다 찾는 글로벌 랜드마크 축제를 만들 수 있습니다.

K-팬덤 페스티벌을 제대로 준비하려면 무엇보다도 먼저 세계적인 규모의 공연장이 필요합니다. K-팝 스타들이 전 세계 팬을 모으는 만큼, 콜드플레이나 테일러 스위프트가 찾는 10만 석 규모의 돔 공연장, 일본의 도쿄돔을 뛰어넘는 상징적인 무대가 마련되어야 합니다. 공연이 끝난 뒤에는 수천 명이 함께 어울려 즐길 수 있는 K-푸드 광장이 필요합니다. 수많은 사람들이 함께 모여 '아파트, 아파트'를 외치며 치맥을 즐기는 모습은 그 자체로 세계적 명소가 될 것입니다. 독일의 옥토버페스트를 능가하는 새로운 글로벌 문화행사가 될 수 있습니다. 이 모든 것을 담아내려면 결국 세상에 없는 건축물을 창의적으로 설계해야 합니다.

다양한 한식을 즐긴 뒤에는 곧바로 쇼핑몰에서 K-뷰티 쇼핑을 이어갈 수 있어야 합니다. 단순한 소비 공간을 넘어 한국적 체험이 함께 녹아드는 복합문화 공간이라면 더욱 매력적일 것입니다. 여기에 〈케이팝 데몬 헌터스〉 테마파크와 〈상어 가족〉 테마관 같은 즐길 거리가 더해진다면, 아이들부터 가족 단위 관광객까지 최소 10년은 끊임없이 찾게 될 팬덤 명소가 될 수 있습니다.

물론 이러한 공간을 만드는 데는 막대한 예산과 시간이 필요합니다. 그러나 행사가 끝나면 텅 비는 올림픽 경기장이나 엑스포 건물과 달리, 이 시설은 축제가 끝난 후에도 꾸준히 사랑받을 수 있습니다. 잘만 기획한다면 K-건축의 세계적 부상까지 이끌어낼 수 있으며, 올림픽 수준의 비용을 투입한다면 역사에 남을 랜드마크를 완성할 수 있습니다. 또 이 페스티벌을 4년에 한 번은 대형 이벤트로, 나머지 해에는 중소 규모로 열면 자영업자와 관광업계에는 꾸준한 기회가 제공될 것입니다. 시설이 놀지 않을까 걱정할 필요도 없습니다. 끊임없이 발전하는 기술을 접목해 공간을 업그레이드한다면, 그 자체로 한국 기술과 문화의 전시장이 될 수 있습니다.

경제적 효과는 말할 것도 없습니다. 매년 수많은 해외 관광객이 페스티벌을 즐기러 찾아오고, 그 경험은 다시 SNS를 통해 전 세계로 퍼집니다. 이렇게 각국에서 새로운 팬덤이 형성된다면, 한국 기업들이 글로벌 시장에 진출할 수 있는 교두보가 자연스럽게 마련됩니다. 예를 들어, 페스티벌에서 맛본 K-푸드가 미국 소비자들의 관심을 불러일으켜 현지 마트 주문으로 이어지는 식입니다. 올림픽 유치에 드는 비용으로 이 정도 경제·문화적 성과를 얻을 수 있다면, 세계적 축제로 도전해볼 충분한 가치가 있습니다.

무엇보다 중요한 것은, 이 축제가 세계 어디에도 없는 한국만의 고유한 이벤트라는 점입니다. 올림픽이나 엑스포처럼 다른 나라가 이미 해본 행사를 따라 하는 것이 아니라, 벤치마크할 수 없는 유일무이한 도전입니다. 한국은 이제 더 이상 개도국이 아닙니다. 국제적인 이벤트도 스스로 기획하고 창조할 수 있을 만큼 선진국이 된 것입니다. 〈케이팝 데몬 헌터스〉가 이를 증명했습니다. 한국 음악과 문화, 이야기만으로 세계를 열광시킨 사례입니다. 이를 믿어준 것은 한국이 아니라 소니 픽처스였다는 사실은 오히려 우리에게 교훈이 됩니다. 데이터가 보여주는 가능성은 이미 충분히 입증되었습니다.

설령 도전이 완벽히 성공하지 못하더라도 크게 잃을 것은 없습니다. 왜냐하면 우리가 직접 즐기고 사용하는 인프라가 남기 때문입니다. 공연도, 스포츠도 즐길 수 있는 돔 공연장, 전 세계 미식가가 모여드는 푸드 백화점, 문화와 체험을 곁들인 쇼핑몰, 웹툰과 드라마, 영화로 가득한 체험관, 한국 정서가 깃든 박물관과 미술관은 후대에 물려줄 소중한 문화유산이 될 수 있습니다. 오랫동안 열심히 일하며 축적한 성과를 이제는 눈에 보이는 자산으로 후손에게 남길 때가 된 것입니다.

돌아보면, 한국은 늘 세상에 없던 도전을 해내며 기적을 써온 나라였습니다. 제조업 혁신은 물론이고, 웹툰, 드라마, K-팝 역시 처음에는 불가능해 보였지만 결국 세계 시장을 장악했습니다. 이번 도전 역시 그 연장선입니다. 전례 없는 시도를 해낼 수 있다는 자신감은 이미 우리의 역사 속에 있습니다.

이런 거대한 도전은 단지 경제적 성과에 그치지 않습니다. 다음 세대에게 "세상에 없던 일을 만들어낼 수 있다"는 정신적 유산이 됩니다. 청년들이 도전적 세계관을 품고 글로벌 무대에 나설 수 있도록 하는 것, 그것이야말로 우리가 후대에 물려줄 가장 값진 선물입니다.

그래서 저는 이 '미친 꿈'을 꾸고 있습니다. 청년들에게 "대한민국은 무슨 일이든 열심히 하면 세계에 팬덤을 만들고 성공할 수 있는 나라"라는 자부심을 각인시키는 일, 바로 그것이 우리 세대가 반드시 남겨야 할 진정한 유산이라고 믿습니다. 이 책이 그 긴 여정의 첫걸음이 되기를 간절히 바랍니다.

최재붕의 글로벌 AI 트렌드

2025년 11월 19일 초판 1쇄 | 2025년 12월 5일 6쇄 발행

지은이 최재붕
펴낸이 이원주

책임편집 박인애　**표지디자인** 진미나　**본문디자인** 정은예
기획개발실 강소라, 김유경, 강동욱, 류지혜, 고정용, 이채은, 최연서
마케팅실 양근모, 권금숙, 양봉호　**온라인홍보팀** 신하은, 현나래, 최혜빈
디자인실 윤민지　**디지털콘텐츠팀** 최은정　**해외기획팀** 우정민, 배혜림, 정혜인
경영지원실 강신우, 김현우, 이윤재　**제작실** 이진영
펴낸곳 (주)쌤앤파커스　**출판신고** 2006년 9월 25일 제406-2006-000210호
주소 서울시 마포구 월드컵북로 396 누리꿈스퀘어 비즈니스타워 18층
전화 02-6712-9800　**팩스** 02-6712-9810　**이메일** info@smpk.kr

ⓒ 최재붕(저작권자와 맺은 특약에 따라 검인을 생략합니다)
ISBN 979-11-24070-01-7 (03320)

- 이 책은 저작권법에 따라 보호받는 저작물이므로 무단전재와 무단복제를 금지하며, 이 책 내용의 전부 또는 일부를 이용하려면 반드시 저작권자와 (주)쌤앤파커스의 서면동의를 받아야 합니다.
- 잘못된 책은 구입하신 서점에서 바꿔드립니다.
- 책값은 뒤표지에 있습니다.

쌤앤파커스(Sam&Parkers)는 독자 여러분의 책에 관한 아이디어와 원고 투고를 설레는 마음으로 기다리고 있습니다. 책으로 엮기를 원하는 아이디어가 있으신 분은 이메일 book@smpk.kr로 간단한 개요와 취지, 연락처 등을 보내주세요. 머뭇거리지 말고 문을 두드리세요. 길이 열립니다.